(Wo)men Online 2013

(Wo)men Online 2013

Studie zum Nutzungsverhalten von Frauen und Männern in Internet und Social Media

Prof. Dr. Angelika Wiltinger
Fachhochschule Frankfurt

Bibliografische Information der Deutschen Nationalbibliothek
Die Deutsche Nationalbibliothek verzeichnet diese Publikation in der Deutschen Nationalbibliografie; detaillierte bibliografische Daten sind im Internet über http://dnb.d-nb.de abrufbar.
1. Aufl. - Göttingen : Cuvillier, 2013

978-3-95404-436-8

Nonnenstieg 8, 37075 Göttingen
Telefon: 0551-54724-0
Telefax: 0551-54724-21
www.cuvillier.de

1. Auflage, 2013
Gedruckt auf säurefreiem Papier

978-3-95404-436-8

Inhalt

Abbildungsverzeichnis

1. Einleitung

Die rasanten Entwicklungen auf den Märkten der Kommunikations- und Informationstechnologie, wie bspw. das Aufkommen des Internets oder das Wachstum im Bereich Mobilfunk in den letzten 10 Jahren haben zu tiefgreifenden Veränderungen in der Gesellschaft und im Wirtschaftsleben geführt.

Während 1997 erst 6,5 % der Bevölkerung das Internet nutzten, so sind dies in 2012 bereits 75,9 %. [1] Dabei fallen sowohl Unterschiede im Geschlecht als auch in den Altersgruppen auf. Heute nutzen schon 70,5 % der Frauen und 81,5 % der Männer das Internet, vor 15 Jahren waren dies noch geringe 3,3 % bei den Frauen und 10 % bei den Männern. In der Altersgruppe der 14-19 Jährigen liegt die Penetration des Internets schon bei 100 %, ebenso bei den 20-29 Jährigen mit 98,6 % und sogar bei den ab 60 Jährigen erreicht sie mittlerweile schon knapp 40 %. [2]

Abb. 1: Internetnutzer in Deutschland 1997 bis 2012

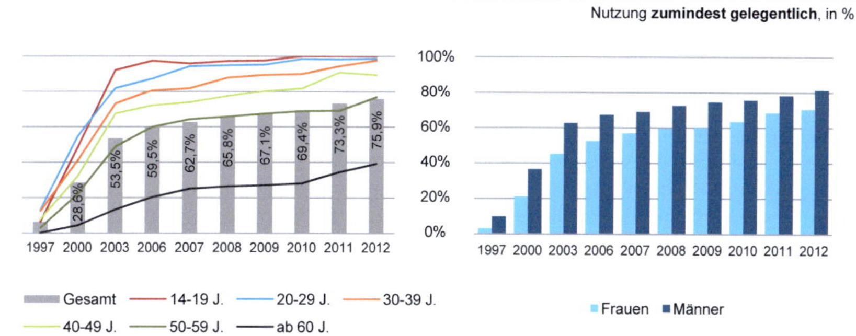

Quelle: ARD/ZDF-Onlinestudie 2012

Das Internet ist also allgegenwärtig, kaum eine Erfindung hat den Alltag der Menschen wie auch die Wirtschaft in den letzten Jahrzehnten derart nachhaltig revolutioniert. Die wenigsten Menschen können sich noch ein Leben ohne Internet vorstellen. Jedoch ist die Nutzung des Internets sehr differenziert, sehr von den jeweiligen Tätigkeiten bzw. von den jeweiligen Altersgruppen abhängig. So gibt es Tätigkeiten wie „Suchmaschinen nutzen" oder „Emails versenden", welche von über 90 % bzw. 70 % aller Internetnutzer durchgeführt werden, bei anderen Tätigkeiten, wie z.B. „selbst Bilder/Musik ins Internet stellen" oder an „Diskussionen in Foren/Blogs teilnehmen", ist die Beteiligung mit 7,8 % bzw. 17,8 % sehr gering.[3]

Besonders für den Bereich des Marketings sind die Auswirkungen durch das Aufkommen des Internets unmittelbar und fundamental. Sowohl die zwischenmenschliche Kommunikation als auch die Kommunikation der werbetreibenden Unternehmen mit den Konsumenten haben sich im letzten Jahrzehnt grundlegend verändert. Stand lange Zeit die Gestaltung von Kom-

[1] ARD/ZDF Onlinestudie 2012
[2] ARD/ZDF Onlinestudie 2012
[3] Tomorrow Focus Media 2012

munikationsmaßnahmen im Mittelpunkt, mit denen das werbende Unternehmen via Massenmedien (Fernsehen/Radio, Zeitungen/Zeitschriften) Botschaften an eine anonyme Masse passiver Konsumenten sandte, so rückt nun zunehmend die individualisierte interaktive Kommunikation zwischen Konsument und Unternehmen in den Vordergrund: weg von der unspezifischen Printanzeige für den Massenmarkt, hin zur individuellen Kommunikation mit dem Konsumenten via Twitter.

Abb. 2: Online-Tätigkeiten

Quelle: Tomorrow Focus Media 2012

Letztlich blieb den werbenden Unternehmen auch keine Wahl, sie mussten die Art und Weise mit der sie die Konsumenten werblich erreichen wollten, ändern und an die geänderten Rahmenbedingungen anpassen. So hatte man schon seit vielen Jahren eine nachlassende Effizienz der klassischen Kommunikationsmaßnahmen mittels Massenmedien festgestellt. Zu viele Werbeträger dominierten die Werbelandschaft. Während im Bereich Fernsehen beispielsweise vor 30 Jahren der durchschnittliche Haushalt lediglich 3 Fernsehsender empfangen konnte, sind es mittlerweile oft weit über 100 Sender. Auch die Zahl der täglich ausgesendeten Werbespots hat sich verzwanzigfacht. Konsequenz ist, dass sich der Konsument durch die klassische Fernsehwerbung oftmals gar nicht mehr erreichen lässt, statt den Werbeblock anzuschauen, „zappt" er lieber zu einem anderen Fernsehsender.

Zusätzlich hat sich auch der Konsument in den letzten 20 Jahren grundlegend verändert. Er ist selbstbewusster, aktiver, kommunikativer geworden und ist nicht mehr damit zufrieden, sich passiv mit Werbebotschaften berieseln zu lassen. Er möchte sich selbst in die Kommunikation einbringen und den so genannten User Generated Content gestalten. Er möchte Ideen liefern, Meinungen kundtun, individuell mit Unternehmen kommunizieren oder anderen Konsumenten von seinen Erfahrungen berichten, von den Erfahrungen mit dem Produkt oder dem Unternehmen.

So mussten neue Wege der Kommunikation beschritten werden. Mit dem Aufkommen des Internets und insbesondere dem Aufkommen der Social Media boten sich hier vielfältige Möglichkeiten in einem ganz neuen Bereich, dem Social Media Marketing. In sozialen Medien wie Facebook und Twitter können die Nutzer das Wort ergreifen, sich austauschen und haben die Möglichkeit sich mit Gleichgesinnten in der ganzen Welt zu vernetzen. Aktuelle Zahlen zeigen, dass bezogen auf die gesamte deutsche Bevölkerung Wikipedia die häufigste Nutzung erlebt, gefolgt von den Videoportalen wie z.B. YouTube und den privaten Netzwerken wie z.B. Facebook oder Google+.

Abb. 3: Genutzte Social Media Anwendungen

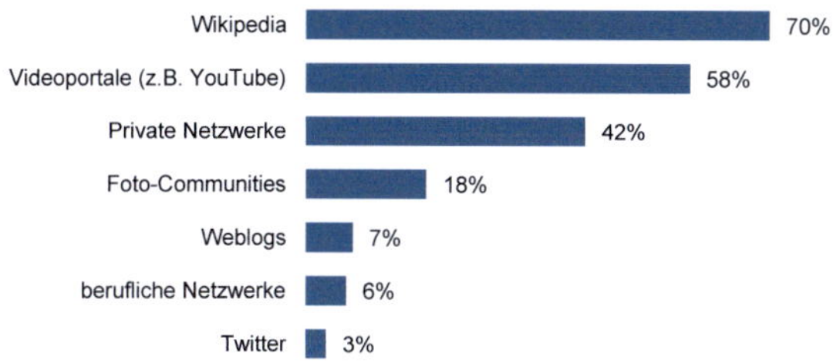

Quelle: ARD/ZDF Onlinestudie 2011, in Busemann/Gscheidle 2011

Die Nutzung der Social Media ist allerdings sehr zielgruppen- und altersindividuell und soll daher bei der Altersgruppe der 18-30jährigen Studierenden näher untersucht werden. Im Rahmen des vorliegenden Forschungsprojektes (Wo)men Online 2013 soll bei dieser Zielgruppe das Nutzungsverhalten Online, mit dem Schwerpunkt im Bereich Social Media, empirisch quantifiziert werden. Ziel ist herauszufinden, wie genau Studierende ihre Online-Zeit verbringen. Dabei sollen zusätzlich zwei Schwerpunkte gesetzt werden. Einerseits soll gezielt im Bereich Online/Social Media untersucht werden, welche der unzählig vielen Anwendungen überhaupt, in welcher Häufigkeit oder für welche Tätigkeiten genutzt werden. Zusätzlich soll ein besonderes Augenmerk auf Unterschiede im Bereich Gender gelegt werden. Es soll differenziert analysiert werden, ob sich das Online-Nutzungsverhalten von Frauen und Männern ähnelt oder nicht. Gibt es im Bereich Online/Social Media möglicherweise Anwendungen, Aktivitäten oder Häufigkeiten, die sich bei Frauen und Männern unterscheiden?

2. Empirische Studie (Wo)men-Online 2013

2.1. Durchführung und Fragebogendesign

Die Studie wurde im Zeitraum Oktober - November 2012 an der Fachhochschule Frankfurt durchgeführt. Um eine hohe Rücklaufquote und möglichst repräsentative Ergebnisse zu erhalten, wurde auf eine Online-Umfrage verzichtet. Stattdessen wurden die Daten mittels Fragebogen im Rahmen einer schriftlichen Befragung an den Fachhochschulen Frankfurt und Mainz erhoben. Da die Befragung in die Vorlesungen integriert war, wurde ein sehr hoher Rücklauf von beinahe 100 % erzielt, der zudem einen hohen Grad an Repräsentativität aufweist. Befragt wurden insgesamt 484 Studierende, 54 % davon waren weiblich und 46 % männlich. Der Altersdurchschnitt lag bei 23,8 Jahren.

Nach umfangreicher Vorstudie wurde ein achtseitiger Fragebogen entwickelt, der aus vier grundlegenden Kapiteln bestand.

Das erste Kapitel „Mediennutzung und Besitz“ sollte erheben, wie die Besitzstände bei den Befragten im Bereich digitale Endgeräte sind, aber auch ermitteln, in wie weit die Befragten noch „herkömmliche“ Besitzgegenstände wie eine hochwertige Musikanlage oder ein Auto besitzen. Weiter wurde erhoben, auf welchen Wegen die Befragten untereinander primär kommunizieren. Ein weiterer Untersuchungsgegenstand war zu evaluieren, wie sich das Mediennutzungsverhalten der Befragten heute darstellt, aber auch wie es sich in den letzten 3 Jahren verändert hat und wie die Befragten denken, dass es in 3 Jahren aussehen wird.

Kapitel 2 „Nutzung von Internet und Social Media" beschäftigte sich damit zu ermitteln, auf welchen Wegen die Befragten online gehen und welche Tätigkeiten sie online wie oft ausführen. Weiter wurde durch unterschiedliche Fragen der Aktivitätsgrad der Befragten in unterschiedlichen Social Media Sites wie Facebook, Twitter, Xing oder auch Flickr erhoben.

In Kapitel 3 „Nutzung von Facebook, Twitter, YouTube und Foursquare" wurde dann schwerpunktmäßig erhoben, was die User, wie oft und mit welchem Intensitätsgrad in den vorgenannten vier Social Media Sites unternehmen. Dabei wurden auch sehr spezielle Aspekte erhoben, bspw. wie hoch die Anzahl der Freunde bei Facebook und der Anteil davon auch im reellem Leben ist, wofür Facebook konkret genutzt wird, wie häufig die Zielgruppe selber aktiv ist oder auch bei Facebook oder YouTube Contents hochlädt.

Das Kapitel 4 „Nutzungsmotivation" letztlich versucht zu ergründen, aus welchen Beweggründen die Befragten Social Media Anwendungen nutzen, was sie dazu bewegt und was sie sich davon versprechen.

Der Fragebogen endet mit der Erhebung der demografischen Daten der Befragten.

Erstellt und automatisiert ausgewertet wurde der Fragebogen mit der Evaluationssoftware Evasys sowie anschließend mit SPSS Statistics 20.

2.2. Ergebnisanalyse und Interpretation

2.2.1. Mediennutzung und Besitz

Gefragt war nach dem Besitz aber auch nach der zumindest dreimaligen Nutzung der Gegenstände im letzten halben Jahr.

Die befragte Zielgruppe zeichnet sich insgesamt durch einen sehr hohen Besitzgrad an digitalen Endgeräten aus.

Der Besitz eines Notebooks/PCs hat sich vollständig durchgesetzt, mit 100 % besitzt jeder der Befragten einen Computer. Auffallend ist ferner, dass sich das Smartphone in der befragten Zielgruppe als Kommunikationsinstrument ebenfalls weitgehend durchgesetzt und das konventionelle Handy abgelöst hat. So sind nahezu 100 % der Befragten im Besitz eines Smartphones, davon wiederum 44,7 % im Besitz eines I-Phones, welches somit absoluter Marktführer in der befragten Zielgruppe ist. Weiter besitzen noch (zusätzlich) 31 % der Befragten ein konventionelles Handy, dies wird wahrscheinlich als „Zweithandy" genutzt.

Zusätzlich besitzen 65 % aller Befragten einen MP3-Player, 40 % der Befragen eine Spielekonsole und immerhin schon knapp 25 % der Befragten einen Tablet. Traditionelle Besitztümer wie ein Auto, ein Festnetztelefon oder eine hochwertige Musikanlage sind unterschiedlich stark, verglichen mit o.a. Zahlen jedoch eher schwach vertreten. Nur noch 66 % aller Befragten besitzen ein Festnetztelefon oder ein eigenes Auto, auch ein hochwertiges TV-Gerät besitzen nur 2/3 der Befragten. Eine hochwertige Musikanlage (Wert > 500 €) besitzen gar nur noch 24 % der Befragten.

Abb. 4: Besitztümer aus dem Bereich IT/Consumer Electronics und Alltagsgebrauch

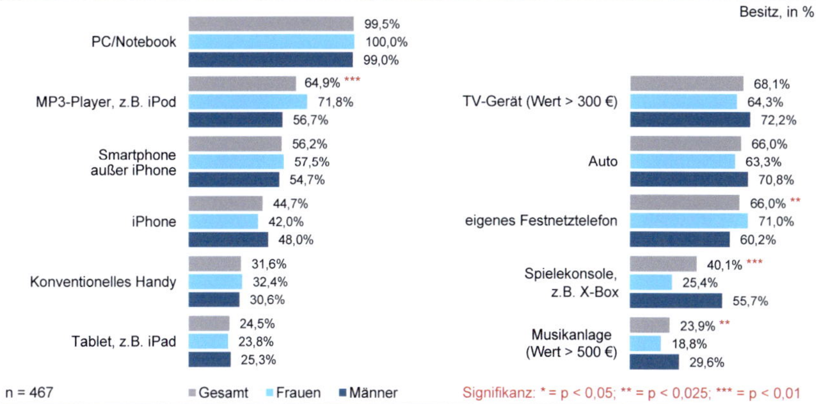

Frage: Welchen der folgenden Gegenstände besitzen Sie und haben Sie auch in den letzten 6 Monaten mindestens 3 mal genutzt?
Skala: ja, nein;

In manchen dieser Bereiche lassen sich statistisch signifikante genderspezifische Unterschiede ermitteln. So ist der Besitz eines MP3-Players und einer Spielekonsole statistisch höchst signifikant [4]. Es besitzen deutlich mehr Frauen einen MP3-Player (71,8 % Frauen vs. 56.7 % der Männer) und deutlich mehr Männer eine Spielekonsole (55,7 % Männer vs. 25,4 % Frauen). Auch beim Festnetztelefon und beim Besitz einer Musikanlage zeigen sich statistisch signifikante Unterschiede. Mehr Frauen als Männer besitzen noch ein Festnetztelefon (71 % vs. 60,2 %) und mehr Männer als Frauen besitzen noch eine hochwertige Musikanlage (29,6 % vs. 18,8 %). Frauen hören also gerne Musik auf dem MP3-Player, Männer nutzen dafür lieber eine hochwertige Musikanlage und verwenden in ihrer Freizeit häufig eine Spielekonsole.

Mit ihren Freunden kommunizieren die Befragten auf sehr unterschiedlichen Wegen. Auffallend ist, dass nur noch 8,7 % angeben, sehr oft mit dem Festnetztelefon zu telefonieren und immerhin schon 24,7 % sagen, sie verwenden ein Festnetztelefon überhaupt nicht mehr. Demgegenüber gibt es nur 1 % der Befragten, die angeben, niemals ein Mobiltelefon zu nutzen und 46,2 % geben an, dass sie das Mobiltelefon sehr oft nutzen, um mit Ihren Freunden in Kontakt zu treten. Das Medium der Wahl für den Kontakt mit den Freunden ist die SMS (incl. What`s App). 72 % der Befragten geben an, sehr oft mittels SMS mit den Freunden zu kommunizieren.

[4] Im weiteren Verlauf betrachten wir häufig die Unterschiede im Verhalten der weiblichen und männlichen Befragten. Wir sprechen dabei von statistisch signifikanten Unterschieden, wenn diese signifikant auf einem Niveau von 95 % sind, weiter von statistisch hoch signifikanten Unterschieden bei einem Niveau von 97,5 % sowie statistisch höchst signifikanten Unterschieden bei einem Signifikanzniveau von 99 %. Ein Signifikanzniveau von 99% sagt zum Beispiel aus, dass die Wahrscheinlichkeit, dass die Unterschiede zwischen den weiblichen und männlichen Befragten rein zufällig zustande gekommen sind, kleiner als 1% ist (p < 0,01).

Abb. 5: Kommunikation mit Freunden

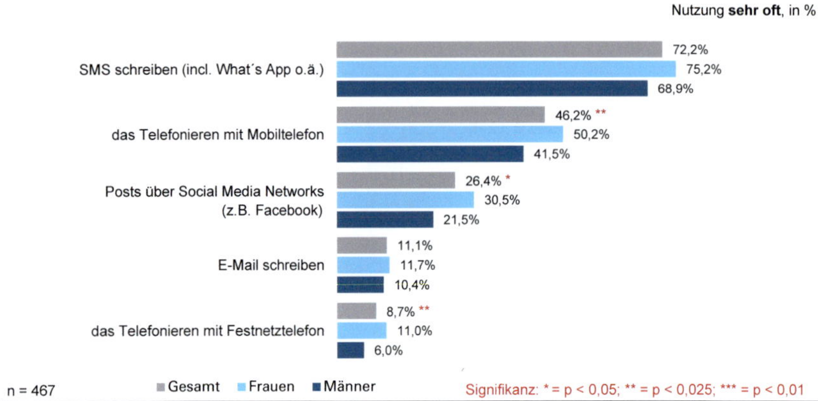

Frage: Wenn Sie mit Ihren Freunden in Kontakt treten, auf welchem Weg – abgesehen vom persönlichen Gespräch – kommunizieren Sie in der Regel? Bitte geben Sie die jeweiligen Häufigkeiten an. **Skala:** nie, selten, mittel, häufig, oft, sehr oft;

Posts in den sozialen Netzwerken sind hier deutlich weniger bedeutend, nur 26,4 % nutzen Posts sehr oft um mit den Freunden in Kontakt zu treten und Emails werden nur von 11,1 % der Befragten sehr oft verwendet. Dennoch geben nur 13,7 % der Befragten an, dass sie niemals mit Email ihre Freunde kontaktieren, also 86,3 % der Befragten nutzen nach wie vor noch Email für den Kontakt mit ihren Freunden.

Das Mobiltelefon hat sich bei der befragte Zielgruppe also weitgehend durchgesetzt und ist Kommunikationsmittel Nr. 1 für die Kontaktaufnahme, sei es per SMS oder per Telefonat.

Abb. 6: Nutzungshäufigkeit Festnetztelefon und Mobiltelefon

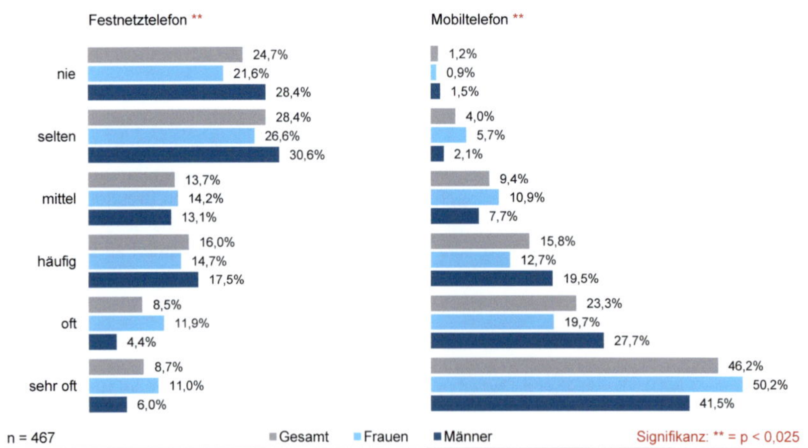

Frage: Wenn Sie mit Ihren Freunden in Kontakt treten, auf welchem Weg – abgesehen vom persönlichen Gespräch – kommunizieren Sie in der Regel? Bitte geben Sie die jeweiligen Häufigkeiten an. **Skala:** nie, selten, mittel, häufig, oft, sehr oft;

Statistisch signifikante genderspezifische Unterschiede lassen sich auch bei dieser Frage in Bezug auf die Nutzung der Telefone und die Nutzung von Posts in Social Media Networks ermitteln. Frauen nutzen sowohl das Festnetztelefon als auch das Mobiltelefon häufiger und mehr als Männer. So nutzen z.B. 23 % der Frauen das Festnetztelefon noch oft oder sogar sehr oft für die Kommunikation mit ihren Freunden verglichen mit nur 10,4 % der Männer und 30,5 % der weiblichen User nutzen Posts sehr oft für die Kommunikation mit Freunden verglichen mit nur 21,5 % der männlichen User.

Abb. 7: Nutzungshäufigkeit, SMS und Posts zu schreiben

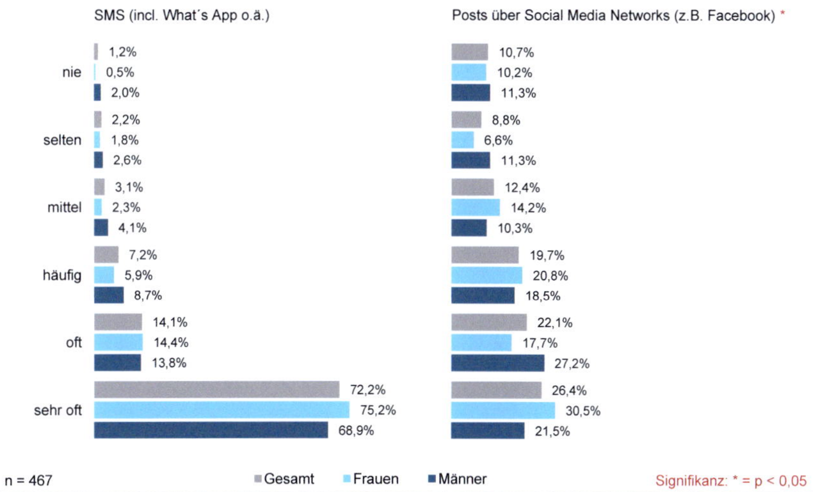

Frage: Wenn Sie mit Ihren Freunden in Kontakt treten, auf welchem Weg – abgesehen vom persönlichen Gespräch – kommunizieren Sie in der Regel? Bitte geben Sie die jeweiligen Häufigkeiten an. **Skala:** nie, selten, mittel, häufig, oft, sehr oft;

Bei den anderen Kommunikationsmitteln lassen sich keine statistisch signifikanten Unterschiede ermitteln. Frauen scheinen also mehr und häufiger zu telefonieren, kommunikativer zu sein als ihre männlichen Kollegen.

Interessant ist es weiter, die aktuelle, die vergangene und die geplante Mediennutzung der Befragten zu untersuchen. Dafür wurden die Befragten gebeten, ihre Nutzung aktuell (also in den letzten 2 Monaten), vor 3 Jahren und die vermutete Nutzung in 3 Jahren anzugeben.

Die Mehrheit der Befragten sieht Fernsehen immer noch mittels TV-Gerät und dies auch sehr häufig und regelmäßig. So geben 54,9 % der Befragten an, täglich oder mehrfach täglich fernzusehen (mit TV-Gerät) und nur 2,4 % der Befragten schauen niemals fern.

Als Internet-Stream sieht aktuell nur eine relativ kleine Gruppe von 10 % der Befragten täglich/mehrfach täglich fern, und 34,9 % der Befragten geben an, dass sie Fernsehen über Internet überhaupt nicht nutzen.

Diese Zahlen sprechen eine deutliche Sprache gegen die aktuell oftmals vorherrschende Meinung, dass junge Erwachsene gar nicht mehr oder nur sehr wenig fernsehen und stattdessen ihre Zeit nur noch im Internet verbringen. Fernsehen wird nach wie vor gerne und häufig geschaut und bevorzugt geschieht dies ganz traditionell über ein TV-Gerät. Allerdings zeigen neuere Forschungsansätze, dass das Fernsehen in dieser Altersgruppe der 18-30 Jährigen oftmals nicht mehr ausschließlich verwendet wird, sondern eine Tendenz zum Second und gar Third Screen besteht, d.h. der Fernseher läuft und man folgt auch dem dort gezeigten Programm, aber parallel dazu nutzt man noch sein Notebook, den Tablet und gegebenenfalls auch sein Smartphone.

Und es sind schon deutliche Verschiebungen im zeitlichen Ablauf zu verzeichnen. Vor drei Jahren sahen noch 73 % der Befragten täglich über ein TV-Gerät fern, diese rückläufige Tendenz setzt sich aber nicht so fort, sondern schwächt sich ab. So schätzen immerhin noch 50,4 % der Befragten, dass sie auch in 3 Jahren täglich/mehrfach täglich über ein TV-Gerät fernsehen werden.

Die Technologie des Fernsehens als Internet Stream hat sich im Zeitverlauf nicht sehr stark entwickelt, es zeigt sich nur eine sehr geringe Zunahme von 6,1 % vor 3 Jahren auf 10 % aktuell, aber für die nahe Zukunft in drei Jahren erwarten immerhin schon 27,8 % der Befragten, dass sie über Internet täglich/mehrfach täglich fernsehen werden. Die Penetration dieser Technologie steht also noch in ihren Anfängen.

Abb. 8: Mediennutzung früher, jetzt, zukünftig

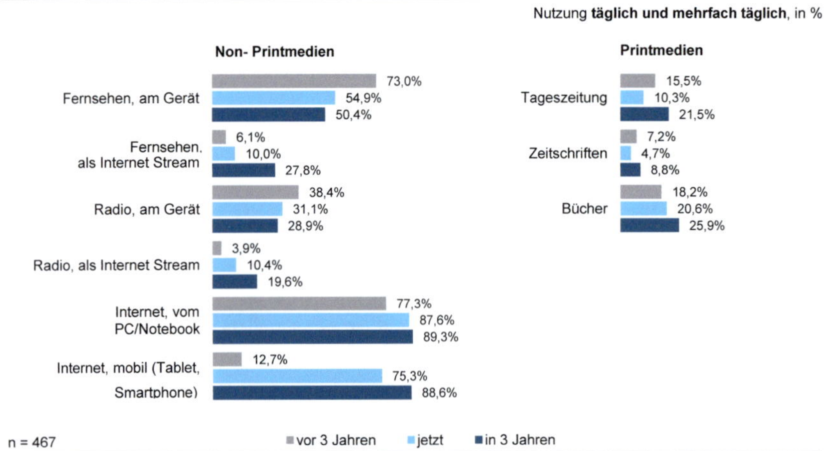

Frage: Wie häufig haben Sie folgende Medien vor 3 Jahren oder in den letzten 2 Monaten genutzt und werden Sie in den nächsten 3 Jahren nutzen? **Skala:** nie, selten, mehrfach monatlich, mehrfach wöchentlich, täglich, mehrfach täglich;

Für die Nutzung von Radio gelten ähnliche, wenn auch deutlich niedrigere Zahlen. Aktuell hören nur 31,1 % der Befragten täglich/mehrfach täglich Radio über ein Radiogerät und nur 10,4 % hören Internetradio. In 3 Jahren erwarten immerhin schon 19,6 % der Befragten Internetradio zu nutzen, und stabile 30 % erwarten nach wie vor Radio über ein Radiogerät täglich/mehrfach täglich zu hören.

Die Nutzung des Internet erfolgt für eine große Mehrheit der Befragten (87,6 %) täglich/mehrfach täglich stationär vom Computer aus, und derzeit noch etwas weniger häufig (75,3 %) auch mobil (Smartphone/Tablet). Im Bereich mobil ist ein sehr deutlicher Unterschied zu der Zeit vor drei Jahren zu verzeichnen, als nur 12,7 % der Befragten angaben täglich/mehrfach täglich Internet mobil zu nutzen. Dies ist sicherlich der enormen Entwicklungen im Mobilfunksektor geschuldet sowie dem Preisverfall für die mobilen Internetraten. Für die Zukunft (in drei Jahren) erwarten weiterhin 89,3 % der Befragten, dass sie Internet täglich/mehrfach täglich vom PC/Notebook nutzen werden, gleichauf mit 88,6 %, die erwarten, Internet täglich/mehrfach täglich mobil zu nutzen.

Betrachtet man die Printmedien, so zeigt sich hier ein niedriger und nicht sehr häufiger Nutzungsgrad durch die Befragten. Aktuell geben nur 10,3 % der Befragten an, dass sie täglich/mehrfach täglich eine Tageszeitung lesen, 4,7 % lesen täglich/mehrfach täglich eine Zeitschrift, aber immerhin 20,6 % lesen täglich/mehrfach täglich ein Buch. Da nur 20,7 % bzw. 15,9 % der Befragten angeben, dass sie niemals eine Tageszeitung bzw. Zeitschrift lesen, lässt dies den Schluss zu, dass die Befragten zwar nicht täglich aber doch noch (mehrfach) wöchentlich zu dem besagten Medium greifen.

In Bezug auf das vorgenannte Mediennutzungsverhalten lassen sich bei der Nutzung des Internet mit dem PC/Notebook statistisch höchst signifikante Unterschiede zwischen Frauen und Männern feststellen. 77,1 % der Männer geben an, mehrfach täglich den PC zu nutzen, um ins Internet zu gehen, demgegenüber stehen nur 53,5 % der Frauen. Dafür geben mehr Frauen (29,2 % Frauen vs. 16,1 % Männer) an, dass sie nur 1 x täglich oder gar nur mehrmals wöchentlich (12,4 % vs. 5,2 % der Männer) mit dem PC ins Internet gehen. Männer gehen also mit ihrem PC häufiger als die Frauen ins Internet. Die beiden befragten Zielgruppen erwarten ein ähnliches, signifikant unterschiedliches Verhalten auch für die nächsten drei Jahre. Diese Ergebnisse sind sehr interessant und überraschen teilweise, dass nur 50 % der befragten Frauen mehrfach täglich ins Internet geht. Frauen scheinen ihre Zeit anders und weniger im Internet zu verbringen als die Männer. Dafür verwenden sie ja – wie wir oben bereits dargestellt haben – mehr Zeit für Telefonate.

Abb. 9: Nutzung Internet vom PC/Notebook in den letzten 2 Monaten

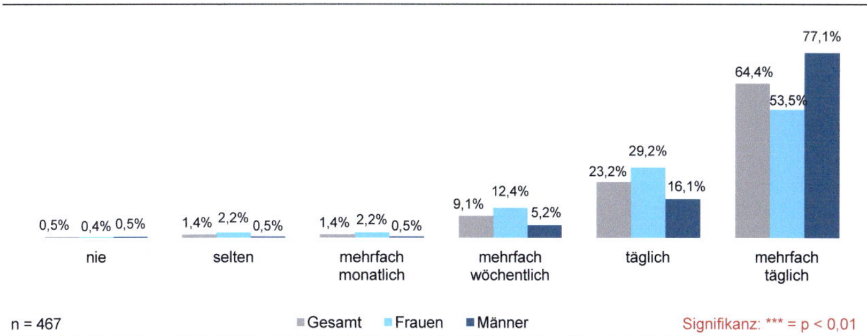

Frage: Wie häufig haben Sie folgende Medien vor 3 Jahren oder in den letzten 2 Monaten genutzt und werden Sie in den nächsten 3 Jahren nutzen? **Skala:** nie, selten, mehrfach monatlich, mehrfach wöchentlich, täglich, mehrfach täglich;

Sowohl bei der Nutzung von Tageszeitungen als auch von Büchern zeigen sich ebenfalls statistisch höchst signifikante Unterschiede. Männer lesen mehr Tageszeitungen, 36,3 % geben an, dies täglich oder zumindest mehrfach wöchentlich zu machen, im Gegensatz zu 18,2 % der Frauen. Dafür greifen die Frauen häufiger zu einem Buch, so geben 54,1 % der Frauen an, täglich oder mehrfach wöchentlich zu lesen und nur 34,2 % der Männer machen dies. Sowohl Männer als auch Frauen planen ein ähnliches Verhalten auch für die nahe Zukunft, sodass diese statistisch signifikanten Unterschiede wohl bestehen bleiben werden.

Abb. 10: Nutzung Printmedien in den letzten 2 Monaten

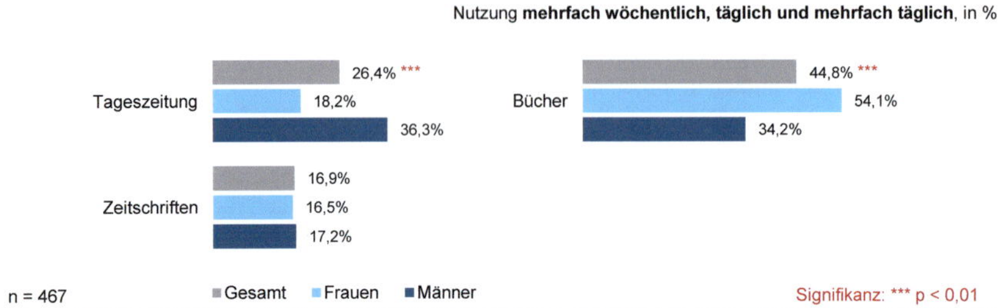

Frage: Wie häufig haben Sie folgende Medien vor 3 Jahren oder in den letzten 2 Monaten genutzt und werden Sie in den nächsten 3 Jahren nutzen? **Skala:** nie, selten, mehrfach monatlich, mehrfach wöchentlich, täglich, mehrfach täglich;

2.2.2. Nutzung von Internet und Social Media

Nach der ausführlichen Untersuchung der Veränderung der Mediennutzung bei den 18-30jährigen Befragten ist es weiter interessant zu analysieren, auf welchen Wegen bzw. mit welchen Endgeräten die Zielgruppe ins Internet geht.

86,8 % der Befragten gibt an, dass sie mindestens 1 x täglich (oder mehr) mit dem PC/Notebook ins Internet geht, mit dem Smartphone/Tablet machen dies derzeit immerhin bereits 75,5 % mindestens 1 x täglich. Dies bedeutet, dass sich diese beiden Wege ins Internet zu gehen, mittlerweile sehr angeglichen haben, 0,2 % der Befragten gehen niemals (mittels PC) ins Internet, keinen Internet-Zugang mittels Smartphone haben nur noch eine sehr kleine Gruppe von 13,4 %.

Abb. 11: Nutzung Endgeräte für Internetzugang in den letzten 2 Monaten

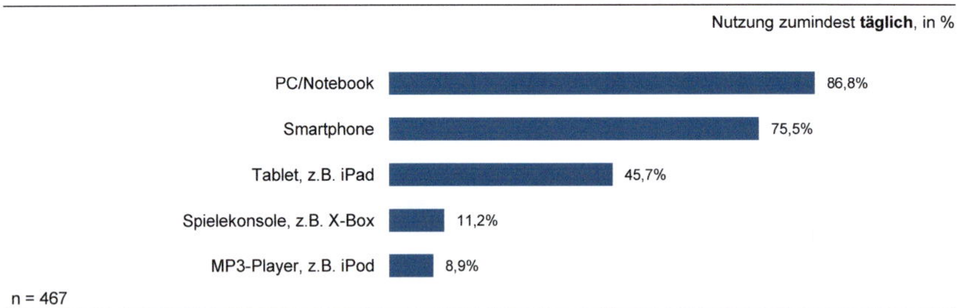

Frage: Wie häufig haben Sie die folgenden Geräte in den letzten 2 Monaten genutzt, um ins Internet zu gehen?
Skala: nie, selten, mehrfach monatlich, mehrfach wöchentlich, täglich, unter 1 Stunde, täglich, 1-3 Stunden, täglich, mehr als 3 Stunden;

Dies sind aber auch die beiden favorisierten Wege der befragten Zielgruppe. So geben immerhin rund 75 % der Befragten an, dass sie nie mit dem MP3-Player oder der Spielekonsole ins Internet gehen. Dies bedeutet, dass MP3-Player oder die Spielekonsole eher nachranging für den Internetzugang verwendet werden, was durchaus plausibel scheint.

Und bei der Nutzung des Tablets für das Internet fällt auf, dass von den Tablet-Besitzern nur knapp die Hälfte (45,7 %) täglich damit ins Internet geht, dies zeigt verglichen mit den Angaben zu PC/Notebook (86,8 %) und Smartphone (75,5 %) eine etwas niedrigere Nutzungsrate. PC und Smartphone sind also das tägliche Mittel der Wahl, wenn es darum geht, ins Internet zu gehen und diese rangieren fast gleichwertig.

Abb. 12: Nutzung des PC/Notebooks für den Internetzugang

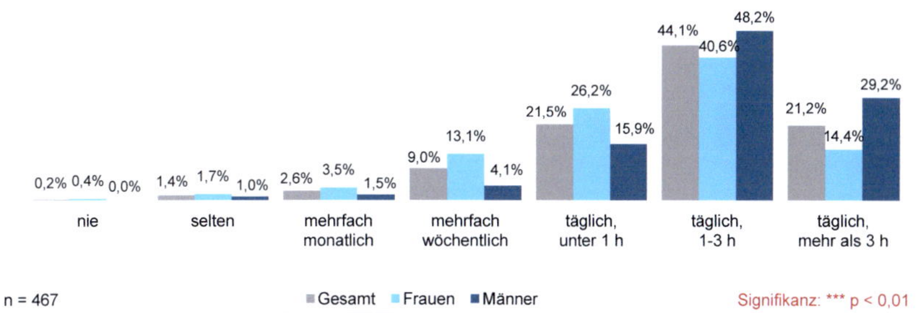

Frage: Wie häufig haben Sie die folgenden Geräte in den letzten 2 Monaten genutzt, um ins Internet zu gehen?
Skala: nie, selten, mehrfach monatlich, mehrfach wöchentlich, täglich, unter 1 Stunde, täglich, 1-3 Stunden, täglich, mehr als 3 Stunden;

Analysiert man die tägliche Internetnutzung noch genauer, so fällt auf, dass sehr viel Zeit im Internet verbracht wird. So geben 44 % der befragten Zielgruppe an, dass sie täglich zwischen 1-3 Stunden mit dem PC ins Internet gehen, 30 % machen dies 1-3 Stunden täglich mit dem Smartphone. Weitere 21 % der Befragten verbringt sogar täglich mehr als 3 h mit dem PC im Internet und 16,3 % surft mehr als 3 h täglich mit dem Smartphone.

Abb. 13: Nutzung des Smartphones für den Internetzugang

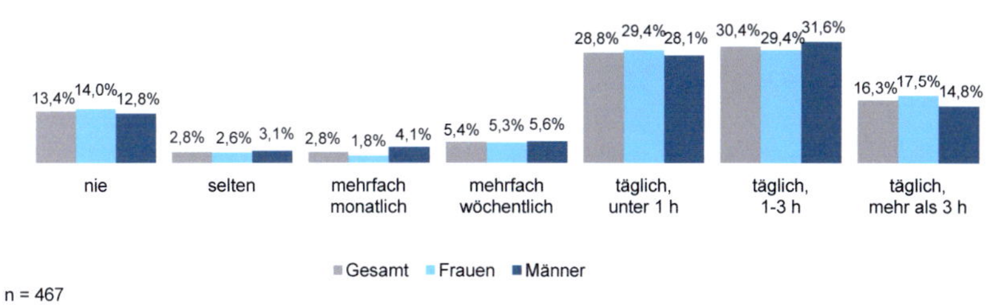

Frage: Wie häufig haben Sie die folgenden Geräte in den letzten 2 Monaten genutzt, um ins Internet zu gehen?
Skala: nie, selten, mehrfach monatlich, mehrfach wöchentlich, täglich, unter 1 Stunde, täglich, 1-3 Stunden, täglich, mehr als 3 Stunden;

Statistisch signifikante Unterschiede finden sich bei der Nutzung des PCs und bei der Nutzung der Spielekonsole für den Internetzugang. Hier setzt sich ein Trend fort, den wir bereits bei der Untersuchung der allgemeinen Mediennutzung festgestellt haben. Männer gehen täglich länger/häufiger ins Internet. So geben 29,2 % an, dass sie täglich mehr als 3 h im Internet surfen (mittels PC), verglichen mit nur 14,4 % der Frauen. Mittels Spielekonsole gehen hingegen 88,4 % der Frauen und nur 58 % der Männer niemals ins Internet, selten und mehrfach monatlich sind dies 10,7 % der Frauen und 25,3 % Männer. In beiden Fällen zeigen sich statistisch höchst signifikante Unterschiede zwischen Frauen und Männern.

Abb. 14: Nutzung der Spielekonsole für den Internetzugang

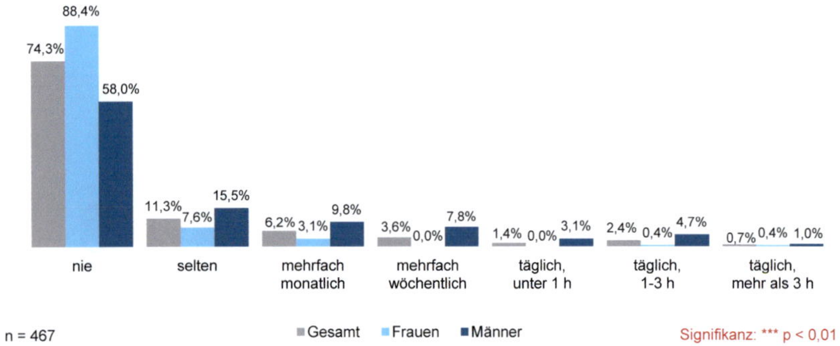

Frage: Wie häufig haben Sie die folgenden Geräte in den letzten 2 Monaten genutzt, um ins Internet zu gehen?
Skala: nie, selten, mehrfach monatlich, mehrfach wöchentlich, täglich, unter 1 Stunde, täglich, 1-3 Stunden, täglich, mehr als 3 Stunden;

Weiter ist interessant zu analysieren, welche Tätigkeiten die befragte Zielgruppe im Internet unternimmt und welche dieser Tätigkeiten häufig, also täglich und mehrfach täglich, und welche Tätigkeiten eben nur seltener bis nie unternommen werden.

Abb. 15: Nutzung von Online-Tätigkeiten

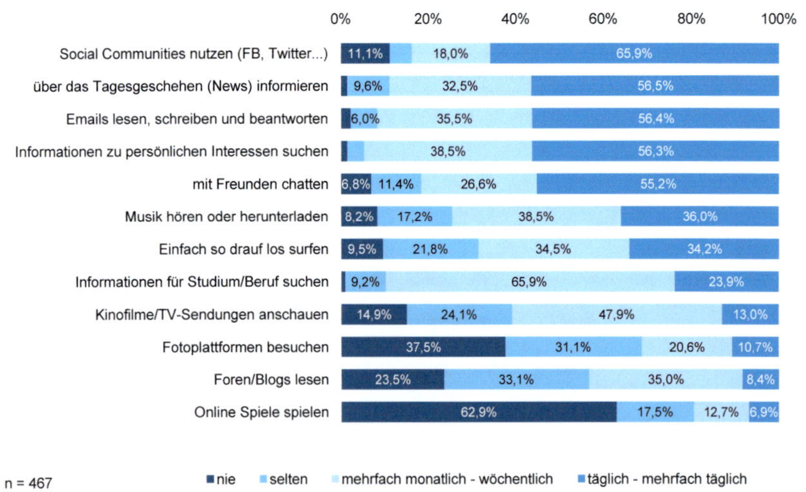

Frage: Wie häufig üben Sie die folgenden Online-Tätigkeiten aus?
Skala: nie, selten, mehrfach monatlich, mehrfach wöchentlich, täglich, mehrfach täglich;

Die Tätigkeit, die von der befragten Zielgruppe am häufigsten genannt wird, ist die „Nutzung von Social Communities". 66 % der Befragte geben an, dass sie täglich und mehrfach täglich Social Communities nutzen. Weiter geben 56 % an, dass sie täglich und mehrfach täglich sich „über das Tagesgeschehen im Internet informieren", „Emails lesen bzw. schreiben", „Informationen zu persönlichen Interessen suchen" oder „mit Freunden chatten". Dies sind die „Blockbuster" der täglichen und mehrfach täglichen Tätigkeiten bei der befragten Zielgruppe. Gefolgt wird dies von „Musik hören" oder „Einfach so drauf los surfen".

Weitere Tätigkeiten wie „Kinofilme/TV-Sendungen anschauen", „Fotoplattformen besuchen", „Foren/Blogs lesen" werden von einer eher geringen Gruppe täglich aber doch von einer größeren Mehrheit mehrfach monatlich bis wöchentlich unternommen.

Es gibt aber auch zahlreiche Tätigkeiten, die von mehr als 50 % der befragten Zielgruppe nie durchgeführt werden. Dies sind insbesondere Tätigkeiten, die einen höheren Aktivitätsgrad der Beteiligten erfordern. Hierzu gehören „Online Spiele spielen", dies führen 62,9 % der Befragte niemals durch, „bei Coupon- und Rabattaktionen mitmachen" (55,1 % der Befragten), „Beiträge für Foren/Blogs schreiben" (63,8 % der Befragten), Hotel- oder Produktbewertungen schreiben (72,7 % der Befragten), Kontaktbörsen nutzen (82,2 % der Befragten) oder bei Auktionen verkaufen (53,3 % der Befragten).

Zusammenfassend lässt sich somit also festhalten, dass die befragte Zielgruppe das Internet eher „konventionell/traditionell" nutzt, für Aktivitäten wie Facebook, Emails, News checken oder Herumsurfen. Tätigkeiten, die einen höheren Aktivitätsgrad erfordern, wie das Hochladen eines Produktes bei einer Online-Auktion oder das aktive Bewerten eines Produktes, Hotels oder Restaurants, werden von den 18-30 Jährigen wenig bis gar nicht unternommen.

Abb. 16: Nutzung von Online-Tätigkeiten – Negativselektion

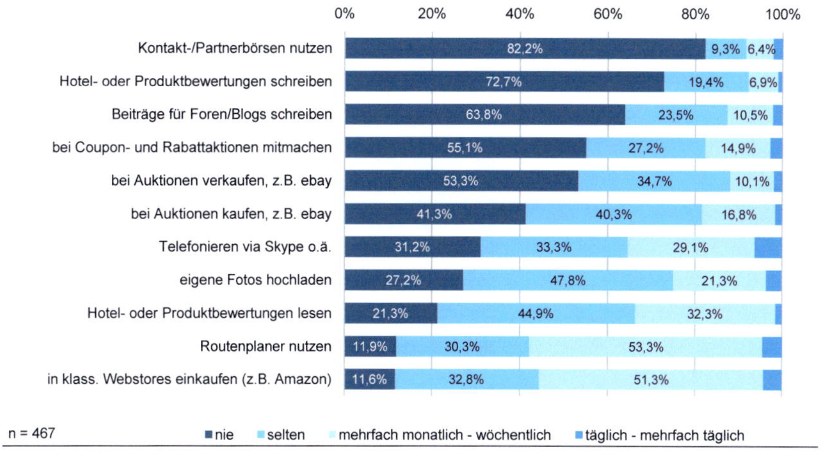

Frage: Wie häufig üben Sie die folgenden Online-Tätigkeiten aus?
Skala: nie, selten, mehrfach monatlich, mehrfach wöchentlich, täglich, mehrfach täglich;

Betrachtet man die vorliegenden Zahlen eingehender nach geschlechtsspezifischen Unterschieden, so fallen hier besonders bei der Nennung „täglich und mehrfach täglich" als auch bei der Nennung „nie" deutliche Unterschiede auf. Es zeigt sich auch hier der schon oftmals angedeutete Trend, dass Männer im Internet deutlich aktiver sind. So zeigen sich bspw. bei den Tätigkeiten „Informationen zu persönlichen Interessen suchen" (64,4 % Männer vs. 49,4 % Frauen), „über das Tagesgeschehen informieren" (70,9 % vs. 44,2 %) oder auch bei „Musik hören oder herunterladen" (41,5 % vs. 31,5 %) teilweise statistisch höchst signifikante

Unterschiede, die Männer zeigen sich in den genannten Fällen deutlich aktiver. Ebenso zeigen sich Unterschiede bei der Negativselektion, bei der Betrachtung der Nennung „nie". Deutlich mehr Frauen kaufen oder verkaufen niemals bei Auktionen, schreiben niemals für Foren/Blogs, nutzen niemals Kontaktbörsen oder spielen niemals Online Spiele.

Bei Tätigkeiten, bei denen man erwarten würde, dass sie möglicherweise von Frauen stärker unternommen werden als von Männern, wie z.B. „mit Freunden chatten" oder „in Webstores einkaufen", zeigen sich keinerlei geschlechtsspezifische Unterschiede, d.h. Frauen und Männer zeigen hier kein statistisch signifikant unterschiedliches Verhalten, verhalten sich also gleich aktiv bzw. passiv.

Abb. 17: Nutzung von Online-Tätigkeiten

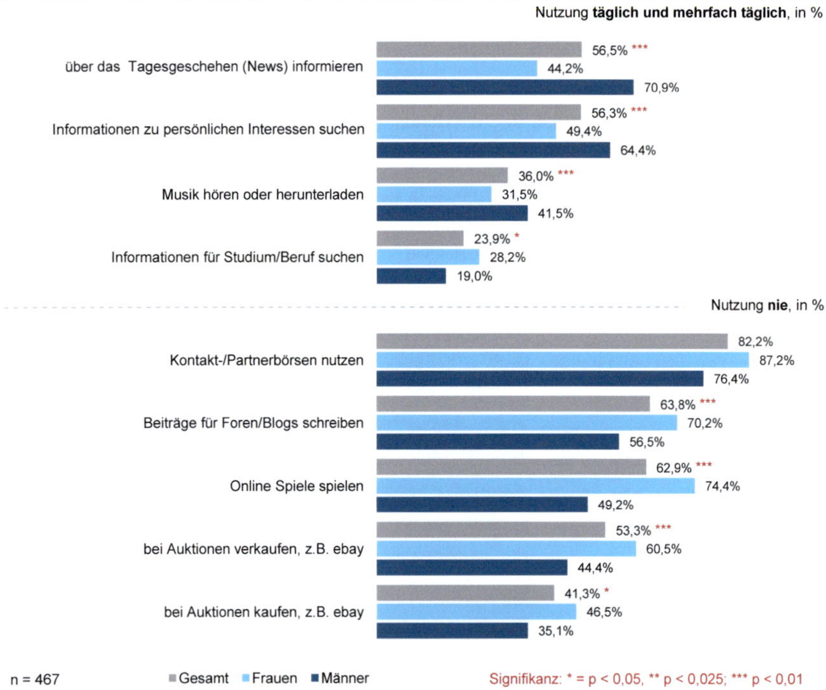

Frage: Wie häufig üben Sie die folgenden Online-Tätigkeiten aus?
Skala: nie, selten, mehrfach monatlich, mehrfach wöchentlich, täglich, mehrfach täglich;

Nach dieser eher allgemeinen Analyse der Online-Aktivitäten generell sollen nun im Weiteren die Aktivitäten in den sozialen Medien konkret untersucht werden. Hierfür sollte die befragte Zielgruppe zunächst in einer allgemeinen Frage angeben, ob sie bestimmte Social Communities nutzt und wie aktiv bzw. passiv diese Nutzung ist. Die Ergebnisse zu dieser übersichtsartigen Frage sprechen eine sehr deutliche Sprache. Es gibt genau 2 Social Communities, die von beinahe allen Befragten genutzt werden – YouTube und Facebook.

Abb. 18: Nutzung YouTube und Facebook

Frage: Welche dieser Communities nutzen Sie eher aktiv, welche eher passiv und welche nutzen Sie nie, auch wenn Sie sich möglicherweise irgendwann einmal angemeldet haben? **Skala:** nie, sehr passiv, passiv, aktiv, sehr aktiv;

Nur 3,6 % der Befragte geben an, dass sie YouTube niemals nutzen, der Rest nutzt YouTube, zu 69 % allerdings eher passiv, zu 27 % aber auch aktiv - sehr aktiv. Bei Facebook sieht das Bild ähnlich aus. Zwar geben immerhin 10,2 % Facebook-Verweigerer an, Facebook niemals zu nutzen, 34 % nutzen Facebook zu mindestens passiv und immerhin 56 % geben sogar an, dass sie Facebook aktiv - sehr aktiv nutzen. Hier ist der Aktivitätsgrad also noch höher als bei YouTube. Der Sprung zu den nächstgenutzten Social Communities ist sehr groß.

Abb. 19: Nutzung von Communities

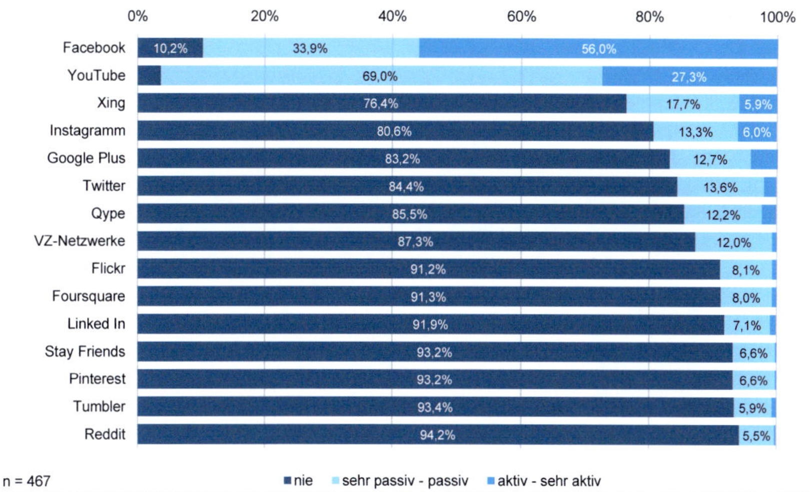

Frage: Welche dieser Communities nutzen Sie eher aktiv, welche eher passiv und welche nutzen Sie nie, auch wenn Sie sich möglicherweise irgendwann einmal angemeldet haben? **Skala:** nie, sehr passiv, passiv, aktiv, sehr aktiv;

Nach Facebook und YouTube steht an dritter Stelle Xing, hier geben nur 24 % der Befragten an, dass sie Xing nutzen und ein Großteil davon nutzt Xing auch nur passiv, gefolgt von Instagram mit einer durchschnittlichen Nutzung von 20 %, Google Plus mit 17 %, Twitter und Qype mit 15 % sowie den VZ-Netzwerken mit 12 %. Bei allen anderen der abgefragten Social Communities wie Flickr, Foursquare, Linked In, Stay Friends, Pinterest, Tumbler oder Reddit geben unter 10 % der Befragten an, dass sie diese überhaupt nutzen, dies primär dann auch nur sehr passiv.

Facebook und YouTube sind also die absoluten Marktführer, gefolgt von Xing und Instagram. Google Plus hat sich bisher nicht wirklich durchsetzen können, ebenso Twitter und Qype. Die VZ-Netzwerke, früher der stärkste Konkurrent von Facebook, spielen keine bedeutende Rolle mehr. Alle weiteren Social Communities sind von noch geringerer Bedeutung. Diese Ergebnisse erstaunen und lassen die Vermutung zu, ob die Social Communities möglicherweise in ihrer Bedeutung überschätzt werden und sich die Aktivitäten der befragten Zielgruppe im Bereich Social Media auf maximal eine Handvoll von Sites beschränken.

Betrachtet man die Daten auf geschlechtsspezifische Unterschiede hin, so lassen sich bei keiner der aufgeführten Social Communities statistisch signifikante Unterschiede erkennen. Dies wiederum ist eine sehr interessante Feststellung, die Nutzung der Social Communities erfolgt von Frauen und Männern also in gleicher Art und Weise. Zwar scheinen Männer bei YouTube und Twitter etwas aktiver zu sein und Frauen in Facebook, aber die Zahlen sind nicht statistisch signifikant. Hingegen bei der zuvor durchgeführten Analyse der Online-Aktivitäten im Internet allgemein, also nicht nur beschränkt auf Social Media Sites, ließen sich ja durchaus geschlechtsspezifische Unterschiede identifizieren, die Männer zeigten sich in der Regel aktiver.

Weiter wurde die Zielgruppe zu vier dieser Social Communities näher befragt. Dies waren die Social Communities Facebook, Twitter, YouTube und Foursquare. Die befragte Zielgruppe sollte angeben, wie viel Zeit sie täglich (konkret in 24 h) in der jeweiligen Social Community verbringt und wie häufig sie in 24 h ihren jeweiligen Account (Email, Facebook, Twitter) checkt.

Die Ergebnisse decken sich mit den vorgenannten Zahlen. Über 90 % der Befragten ist in Facebook oder YouTube täglich aktiv, nur 11 % der befragten Zielgruppe nutzt Facebook nie, bei YouTube ist die „Niemals-Nutzung“ mit 9 % sogar noch niedriger.

Abb. 20: Durchschnittliche YouTube Nutzung pro Tag

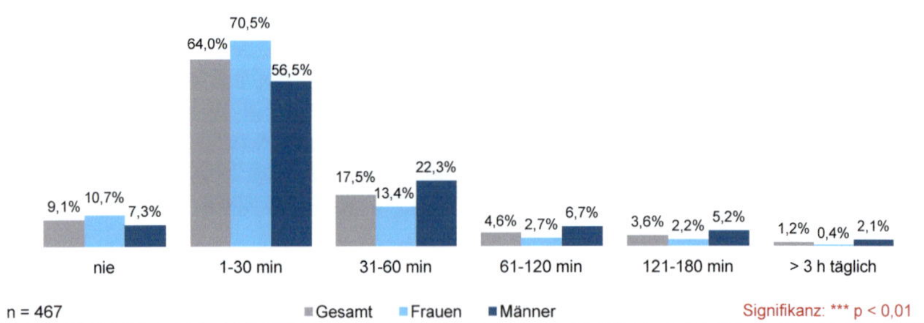

Frage: Wie viele Minuten verbringen Sie durchschnittlich an einem Tag (bezogen auf 24h) in der Community?
Skala: nie, 0-30 min, 31-60 min, 61-120 min, 121-180 min, > 3 h täglich;

Allerdings fällt auf, dass die Mehrheit der Befragten YouTube eher passiv nutzt, Facebook hingegen durchaus aktiv. Dabei wird nicht wenig Zeit in Facebook verbracht. 60 % der Befragten verbringen täglich bis zu einer Stunde in Facebook und weitere 30 % der Befragten verbringen sogar mehr als 1 h täglich in Facebook, davon die Hälfte sogar mehr als 2 h täglich.

Die Nutzung von YouTube ist etwas geringer, aber dennoch nicht wenig. 64 % der Nutzer ist täglich bis zu 30 Minuten aktiv, weitere 17 % sind bis zu einer Stunde täglich aktiv und nur 9 % ist täglich mehr als eine Stunde aktiv.

Abb. 21: Durchschnittliche Facebook Nutzung pro Tag

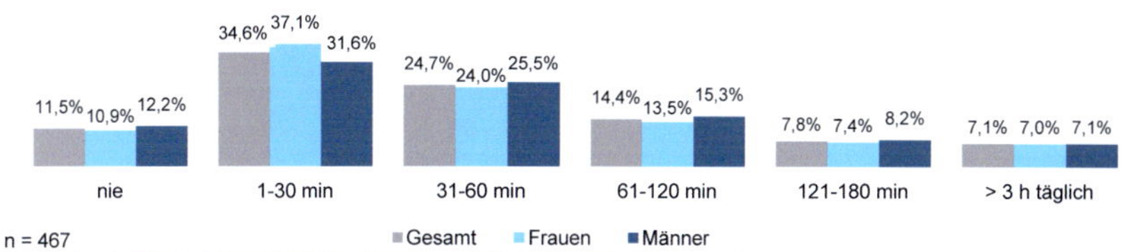

Frage: Wie viele Minuten verbringen Sie durchschnittlich an einem Tag (bezogen auf 24h) in der Community?
Skala: nie, 0-30 min, 31-60 min, 61-120 min, 121-180 min, > 3 h täglich;

Twitter und Foursquare werden sehr wenig genutzt. So geben 85 % der Befragten an, Twitter niemals zu nutzen, 13 % der Befragten nutzen Twitter sehr passiv/passiv und nur 2 % nutzen Twitter überhaupt aktiv.

Abb. 22: Nutzung Twitter und Foursquare

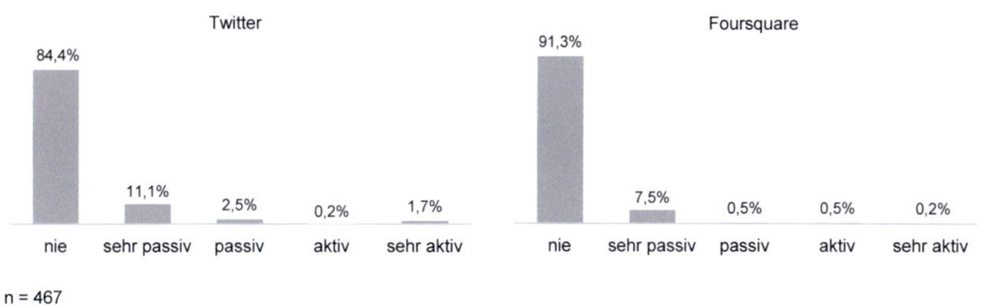

Frage: Welche dieser Communities nutzen Sie eher aktiv, welche eher passiv und welche nutzen Sie nie, auch wenn Sie sich möglicherweise irgendwann einmal angemeldet haben? **Skala:** nie, sehr passiv, passiv, aktiv, sehr aktiv;

Noch drastischer sieht es bei der Nutzung von Foursquare aus. 91 % der Befragten geben an, Foursquare niemals zu nutzen, 8 % nutzen Foursquare sehr passiv/ passiv, und überhaupt nur 0,7 % (dies entspricht 3 Studierenden der Zielgruppe) nutzen Foursquare aktiv.

Auf eine weitere Analyse von Foursquare wird im weiteren Verlauf der Untersuchung aufgrund der geringen User-Zahl unter den Befragten und der damit verbundenen geringen Aussagekraft der Ergebnisse verzichtet.

Analysiert man die Zahlen unter Genderaspekten, so weist das Nutzungsverhalten von Facebook keine geschlechtsspezifischen Unterschiede aus, bei YouTube hingegen lassen sich durchaus geschlechtsspezifische Unterschiede und diese zudem auf höchstem Signifikanzniveau feststellen. Frauen verbringen signifikant weniger Zeit mit YouTube als Männer, 70 % der Frauen verbringen weniger als 30 Minuten täglich mit YouTube, bei den Männern sind dies nur 56 %. Und mehr als 30 Minuten täglich verbringen 36 % der Männer verglichen mit nur 19 % der Frauen.

Ihren Email-Account checkt die befragte Zielgruppe täglich, in der Regel sogar mehrmals täglich, nur 1,4 % der Befragten gibt an, ihren Email-Account nicht täglich zu checken. 57 % checkt den Email-Account 1-4 x täglich, 20 % der Befragten checkt den Email-Account sogar mehr als 5 x täglich und weitere 20 % unternimmt dies sogar mehr als 10 x täglich bzw. sogar permanent.

Abb. 23: E-Mail- und Facebook-Account pro Tag checken

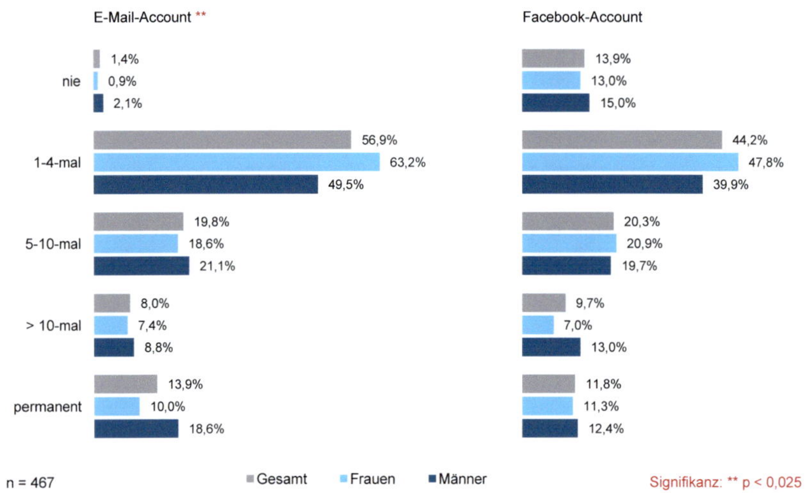

Frage: Wie häufig checken Sie in 24 h Ihren...?
Skala: nie, 1-4-mal, 5-10-mal, > 10-mal, permanent;

Diese Zahlen zeigen, dass das oftmals als eher unattraktiv und konservativ/traditionell bezeichnete Email bei der befragte Zielgruppe nach wie vor von hoher Nutzungsfrequenz ist. Es unterscheidet sich nur gering von der Nutzungshäufigkeit des Facebook-Accounts, diese ist tendenziell sogar etwas niedriger, so checken nur 44 % der Befragten ihren Facebook-Account 1-4 mal täglich, verglichen mit 57 % beim Email-Account. Der Prozentsatz der sogenannten „Heavy-User" beim Facebook-Account, also der User, die täglich 10-mal oder mehr ihren den Account checken, entspricht mit jeweils 20 % dem des Email-Accounts.

Geschlechtsspezifische Unterschiede lassen sich erneut wieder nicht auf einem statistisch signifikanten Niveau beim Facebook-Account festmachen, jedoch beim „klassischen" Email-Account. Hier liegen geschlechtsspezifische Unterschiede auf einem statistisch hoch signifikanten Niveau vor, Männer checken häufiger ihren Email-Account. So checken nur 36 % der Frauen mehr als 5-mal täglich ihren Account, verglichen mit 48,5 % der Männer. Und 63,2 % der Frauen checken 1-4-mal täglich den Email-Account, verglichen mit nur 49,5 % der Männer.

2.2.2.1. Nutzung von Facebook im Detail

Im Weiteren soll nun die Nutzung von Facebook noch weiter analysiert werden. Dabei wurden ausschließlich Daten derjenigen Befragten herangezogen, die angegeben haben, dass sie auch Facebook-User sind. Zunächst wurde untersucht, auf welchem Weg, d.h. mit welchem Endgerät die befragte Zielgruppe Facebook nutzt. Jeweils 60 % der Befragten geben an, dass sie (sehr) oft Facebook mit dem PC/Notebook wie auch mobil nutzen, die Nutzung von Facebook erfolgt also gleichermaßen häufig mobil oder vom PC aus. Das Tablet wird für Facebook etwas weniger verwendet, wobei doch immerhin 32 % der Tablet-Besitzer dieses auch (sehr) oft für Facebook nutzen.

Abb. 24: Facebook Nutzung mittels Endgerät

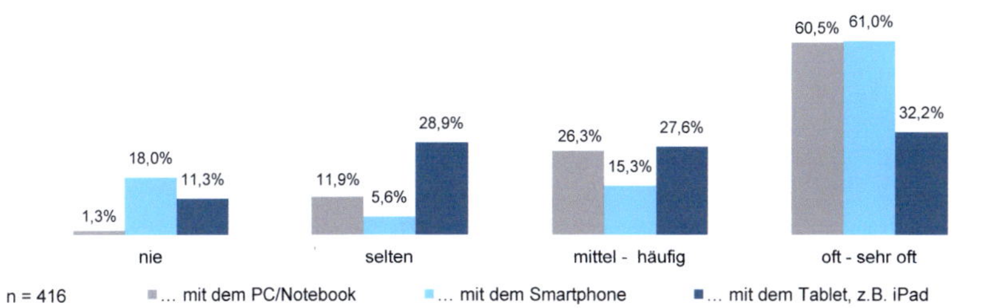

Frage: Mit welchem Gerät nutzen Sie Facebook?
Skala: nie, selten, mittel, häufig, oft, sehr oft;

Weiter haben wir gefragt, wie viele Freunde die befragte Zielgruppe in ihrer Freundesliste hat. Eine knappe Mehrheit der befragten Zielgruppe (41,9 %) gibt an, dass sie zwischen 200-400 Freunde in ihrer Freundesliste haben, jeweils 23 % hat mehr als 400 bzw. nur 100-200 Freunde. Alles in allem haben die Befragten also recht umfangreiche Freundeslisten.

Abb. 25: Anzahl der Freunde in Facebook

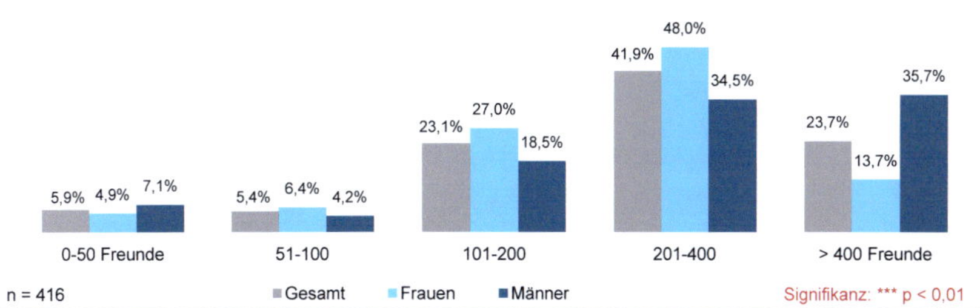

Frage: Wie viele Freunde haben Sie in Ihrer Freundesliste?
Skala: 0-50 Freunde, 51-100, 101-200, 201-400, > 400 Freunde;

Interessant ist weiter zu analysieren, wie viele dieser Facebook-Freunde auch gute Freunde im reellen Leben sind. Immerhin ein Drittel der Befragten gibt an, dass von den Freunden der Facebook-Freundesliste nur 0-10 % auch gute Freunde im echten Leben sind, bei weiteren 39 % sind es immerhin 11-30 %, also zusammenfasst geben 70 % der Befragte an, dass auf der Facebook-Freundesliste maximal jeder Dritte ein guter Freund aus dem echten Leben ist, die restlichen Freunde sind also nur lose Bekanntschaften, oftmals virtueller Natur.

Bezüglich der gerade analysierten Anzahl der Freunde in der Freundesliste lassen sich auch deutliche geschlechtsspezifische Unterschiede auf höchstem Signifikanzniveau ausmachen. 35,7 % der Männer und nur 13,7 % der Frauen geben an, mehr als 400 Freunde in Facebook zu haben, verglichen mit 48 % der Frauen und nur 34 % Männer, die auf 200-400 Freunde bei Facebook verweisen. Auch die Angaben, wie viele Freunde davon gute Freunde im echten Leben sind, zeigen statistisch signifikante Unterschiede. So schätzen z.B. 26 % der Frauen, dass unter 10 % davon echte Freunde sind und 38 % der Männer schätzen dies.

Abb. 26: Anzahl Facebook-Freunde, die gleichzeitig gute Freunde im echten Leben sind

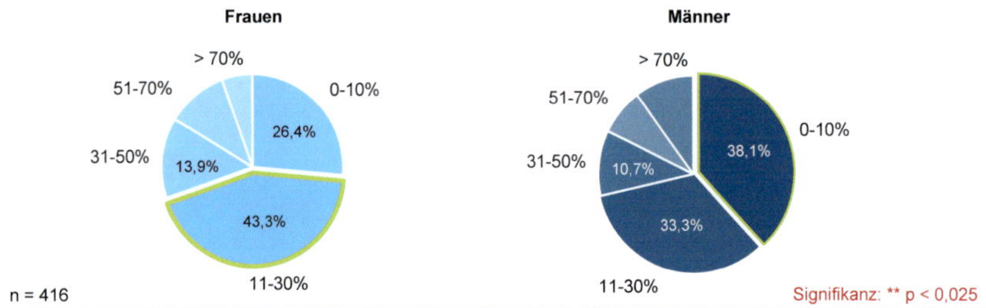

Frage: ... davon sind wirklich gute und enge Freunde im echten Leben?
Skala: 0-10%, 11-30%, 31-50%, 51-70%, mehr als 70%;

Interessant ist nun weiter zu analysieren, was die befragte Zielgruppe bei Facebook so unternimmt, welche Tätigkeiten häufiger und welche weniger häufig durchgeführt werden.

Abb. 27: Top 4 Facebook-Aktivitäten

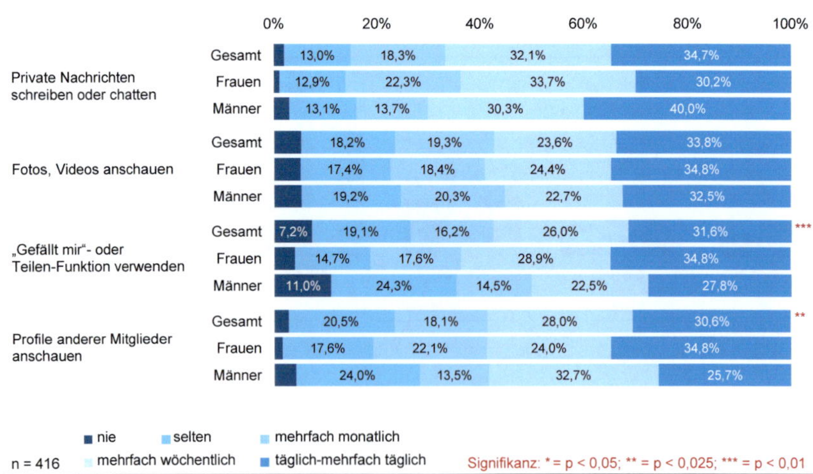

Frage: Welche Aktivitäten führen Sie auf Facebook aus?
Skala: nie, selten, mehrfach monatlich, mehrfach wöchentlich, täglich, mehrfach täglich;

Die häufigsten Tätigkeiten, bei denen mehr als ein Drittel der befragten Zielgruppe angibt, dass sie diese täglich oder gar mehrfach täglich unternehmen, sind: „Private Nachrichten schreiben oder chatten“, „Profile anderer Mitglieder schauen“, „„Gefällt mir“- bzw. Teilen-Funktion verwenden“ oder „Fotos/Videos anschauen“. Dies sind die Tätigkeiten mit denen sich die befragte Zielgruppe die meiste Zeit in Facebook vertreibt. Ebenfalls noch häufig angewendet werden „Informationen über Veranstaltungen erhalten“, „Teilnahme an Gruppen“ und „das Kommentieren von Fotos oder Meldungen“.

Abb. 28: Weitere Aktivitäten bei Facebook

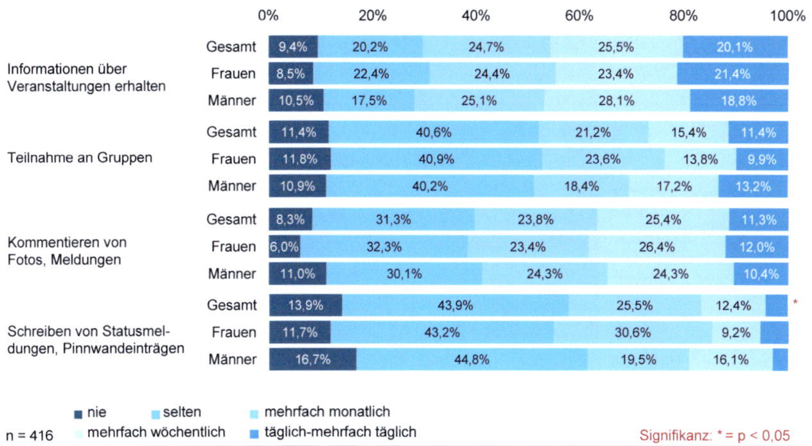

Frage: Welche Aktivitäten führen Sie auf Facebook aus?
Skala: nie, selten, mehrfach monatlich, mehrfach wöchentlich, täglich, mehrfach täglich;

So wie es Tätigkeiten gibt, die sehr häufig unternommen werden, gibt es auch viele Tätigkeiten, die selten oder gar nie unternommen werden. So geben 46 % der Befragten an, dass sie niemals an einem Ort einchecken und diesen dem Netzwerk mitteilen, 54 % laden niemals über Facebook zu Partys ein, und 85 % spielen niemals Social Games in Facebook. Aus Marketing Sicht sind besonders folgende Zahlen interessant: 29 % suchen niemals nach Profilen von Firmen/Marken, weitere 42 % unternehmen dies nur sehr selten; 58 % der Befragten suchen niemals nach Empfehlungen bei Facebook oder geben selber Produktempfehlungen ab. Diese Zahlen stellen die oftmals geforderte bedingungslose Präsenz von Firmen/Unternehmen bei Facebook etwas in Frage. Scheinbar wird Facebook doch primär für das private Networking und weniger für die Informationssuche verwendet.

Genderspezifische Unterschiede lassen sich nur wenige identifizieren, bei allerdings drei Tätigkeiten liegen statistisch signifikante Unterschiede vor, so zeigen sich Frauen beim „Schreiben von Statusmeldungen“, beim „Profile anderer Mitglieder anschauen“ und beim „Verwenden der „Gefällt mir“- oder Teilen-Funktion“ deutlich aktiver als ihre männlichen Kollegen. 5,4 % der Frauen und nur 2,9 % der Männer schreiben täglich Statusmeldungen, 34,8 % der Frauen und nur 25,7 % der Männer checken täglich die Profile anderer Mitglieder und 34,8 % der Frauen verwendet täglich die „Gefällt mir“- bzw. Teilen-Funktion verglichen mit nur 27,8 % der Männer. Frauen zeigen also in Facebook deutlich mehr Aktivität als ihre männlichen Kollegen.

Abb. 29: Weitere Aktivitäten bei Facebook

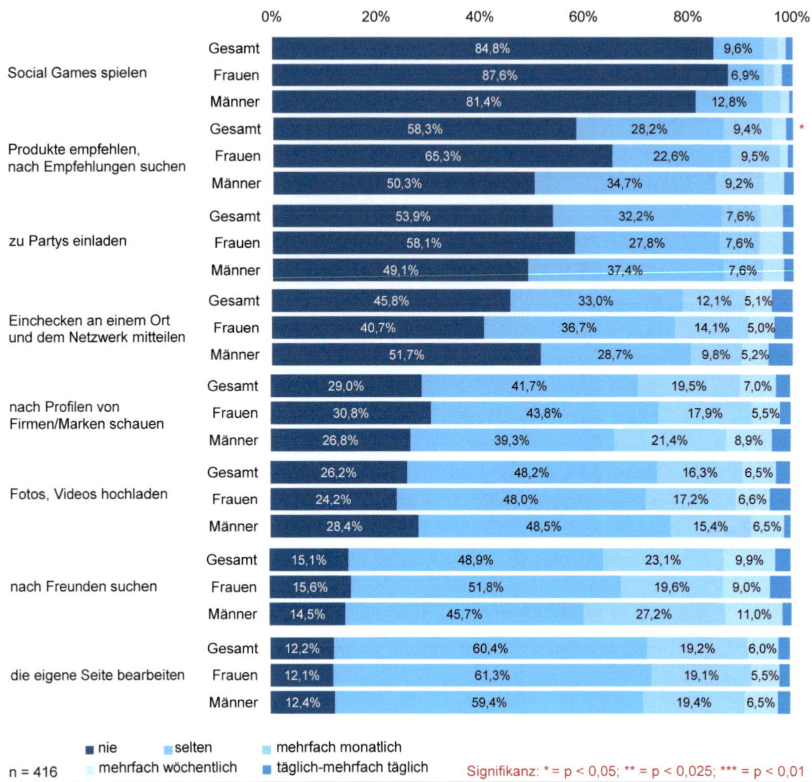

Frage: Welche Aktivitäten führen Sie auf Facebook aus?
Skala: nie, selten, mehrfach monatlich, mehrfach wöchentlich, täglich, mehrfach täglich;

2.2.2.2. Nutzung von YouTube im Detail

Auch hier wurden ausschließlich die Daten derjenigen Befragten verwendet, die zuvor angekreuzt hatten, dass sie auch YouTube-User sind.

Die Mehrheit der befragten Zielgruppe nutzt YouTube mit dem PC/Notebook, so geben 60 % der Befragten an, dass sie (sehr) oft mit dem PC auf YouTube zugreifen, nur 25 % macht dies (sehr) oft auf mobilem Weg, entweder mit dem Smartphone oder dem Tablet.

Betrachtet man die Tätigkeiten, die die befragte Zielgruppe bei YouTube unternimmt, so fällt auf, dass es sich im Wesentlichen um drei Tätigkeiten handelt, die täglich und mehrfach täglich unternommen werden. Am häufigsten beschäftigt sich die befragte Zielgruppe bei YouTube mit „Musikvideos anschauen", gefolgt von „Einfach drauf los „surfen" und Videos anschauen" sowie „Filme und Dokumentationen anschauen".

Abb. 30: YouTube Nutzung mittels Endgerät

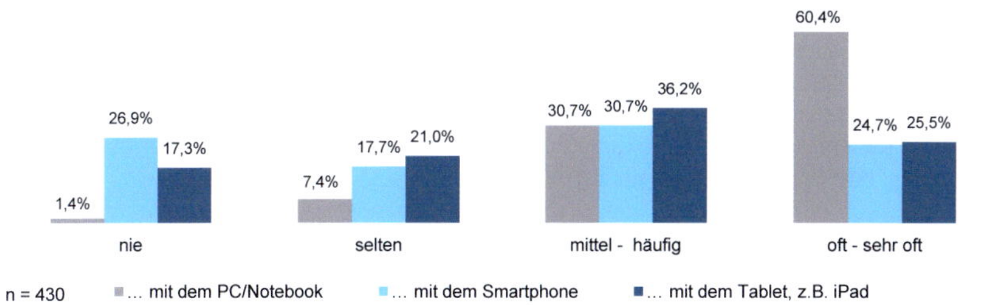

Frage: Mit welchem Gerät nutzen Sie YouTube?
Skala: nie, selten, mittel, häufig, oft, sehr oft;

Die restlichen Tätigkeiten werden von einem sehr hohen Prozentsatz nie oder nur sehr selten unternommen. 82 % der befragten Zielgruppe abonniert niemals einen Firmenchannel (auch diese Zahlen sind wieder aus Marketing- bzw. Unternehmenssicht ernüchternd und interessant), 90 % kommentieren niemals die Beiträge anderer bzw. laden niemals selber Videos hoch. Diese Zahlen reflektieren, was wir auch bereits in einer vorigen Frage analysiert haben: YouTube wird zwar sehr häufig, aber dafür doch eher passiv genutzt.

Abb. 31: Aktivitäten bei YouTube

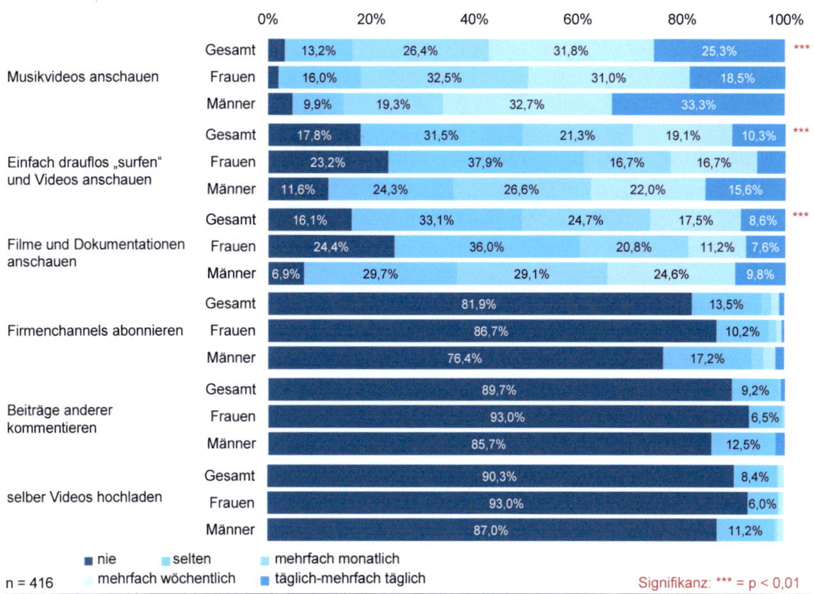

Frage: Welche Aktivitäten führen Sie bei YouTube aus?
Skala: nie, selten, mehrfach monatlich, mehrfach wöchentlich, täglich, mehrfach täglich;

Bei der Nutzung von YouTube lassen sich erneut interessante genderspezifische Unterschiede identifizieren. Bei den oben aufgeführten, am häufigsten genannten Aktivitäten, „Musikvideos anschauen", „Einfach drauf los „surfen" und Videos anschauen" sowie „Filme und Dokumentationen anschauen", zeigen die Männer einen deutlich höheren Aktivitätsgrad. So schauen 33,3 % der Männer und nur 18,5 % der Frauen täglich oder mehrfach täglich Musikvideos, 15,6 % der Männer und nur 5,5 % der Frauen surfen täglich „einfach drauf los" und bei dem Betrachten von Filmen und Dokumentationen geben 24,4 % der Frauen und nur 6,9 % der Männer an, dass sie dies niemals unternehmen.

2.2.2.3. Nutzung von Twitter im Detail

Auch bei Twitter haben wir erneut nur Daten derjenigen Befragten herangezogen, die angegeben haben, dass sie auch Twitter-User sind, dies waren nur 14 % der Befragten. Die Nutzung von Twitter mittels Endgerät erfolgt sehr unterschiedlich und nicht unbedingt – wie vielleicht bei Twitter zu erwarten wäre – ausschließlich mobil. So geben 35 % an, dass sie Twitter häufig-sehr oft mit dem Smartphone nutzen, aber auch 40 % der Befragten geben an, dass sie Twitter ebenfalls häufig-sehr oft auch mit dem PC nutzen und 29,5 % verwenden hierfür einen Tablet.

Abb. 32: Twitter Nutzung mittels Endgerät

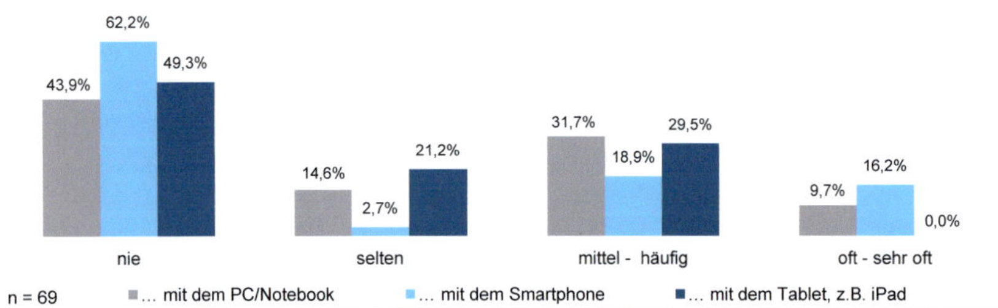

Frage: Mit welchem Gerät nutzen Sie Twitter?
Skala: nie, selten, mittel, häufig, oft, sehr oft;

Auch bei der Detailanalyse zu Twitter kommen wir erneut zu dem Ergebnis, dass die befragte Zielgruppe Twitter – wenn überhaupt – dann nur sehr passiv nutzt. So geben 75 % der Twitterer an, dass sie lediglich 0-50 Follower haben, ebenso wie 74 % nur 0-50 Personen folgen. Es gibt allerdings auch eine kleine durchaus aktive Gruppe von Twitterern mit einem Anteil von ca. 10 %, die angibt, dass sie 200-400 Follower haben und ca. 200-400 oder mehr Personen selber auch folgen.

Bei der Analyse der Tätigkeiten, die die befragte Zielgruppe bei Twitter unternimmt, fällt auf, dass es viele Tätigkeiten gibt, die von einem hohen Prozentsatz der Twitterer überhaupt nie unternommen werden, auch hier zeigt sich erneut die sehr passive Nutzung. So gibt knapp die Hälfte der Befragten (46 %) an, dass sie niemals Tweets von privaten Freunden erhält oder 43 % der Befragten geben an, dass sie niemals Tweets von Firmen erhalten. Auch dieser Wert ist aus Marketing- und Unternehmenssicht durchaus wieder interessant. 60 % der Befragten lädt niemals Fotos bei Twitter hoch oder checkt die Trending Topics. Im Umkehrschluss gibt es die kleine Gruppe der aktiven Twitterer, diese erhalten zu 19 % mehrfach wöchentlich - mehrfach täglich Tweets von privaten Freunden, zu 22 % auch von Prominenten und zu 13 %

von Firmen. 21 % schreibt selber Tweets mehrfach wöchentlich - mehrfach täglich, 9 % lädt Fotos hoch oder 14 % verwendet die „ReTweet"-Funktion.

Abb. 33: Anzahl der Follower und gefolgte Personen bei Twitter

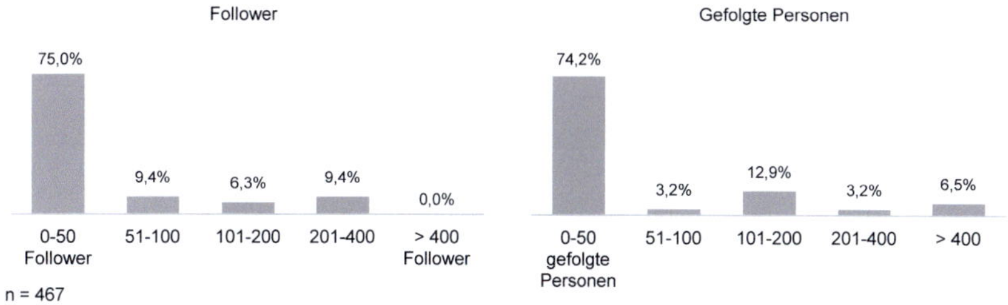

Frage: Wie viele Follower haben Sie bei Twitter?
Skala: 0-50 Freunde, 51-100, 101-200, 201-400, > 400 Freunde;

Frage: Wie vielen Personen/Unternehmen folgen Sie?
Skala: 0-10%, 11-30%, 31-50%, 51-70%, mehr als 70%;

Statistisch signifikante genderspezifische Unterschiede lassen sich bei dem Nutzungsverhalten von Twitter nicht identifizieren.

Abb. 34: Aktivitäten bei Twitter

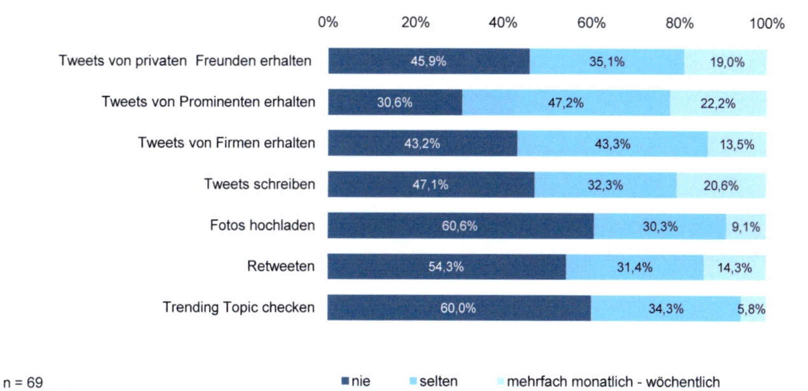

Frage: Welche Aktivitäten führen Sie bei Twitter aus?
Skala: nie, selten, mehrfach monatlich, mehrfach wöchentlich, täglich, mehrfach täglich;

2.3. Nutzungsmotivation für die Social Communities

Abschließend wollten wir erheben, aus welchen Beweggründen, die befragte Zielgruppe die unterschiedlichen Social Media Plattformen nutzt. Hierfür war die befragte Zielgruppe gebeten worden, ihre Zustimmung auf einer 6-poligen Ratingskala abzugeben.

Bei der Analyse der Ergebnisse zeigen sich im Wesentlichen 3 Statements, die mit Abstand die höchsten Zustimmungswerte erreichen. Den höchsten Zustimmungswert hat die Aussage „um Kontakt zu meinen Freunden zu halten", gefolgt von „um Kontakt zu Kommilitonen zu halten“ sowie „weil auch viele meiner Freunde dabei sind“. Diese Aussagen passen am besten zu Facebook, der Social Community, die von der befragten Zielgruppe die höchsten Nutzungswerte erhalten hat.

Abb. 35: Nutzungsmotivation der Social Communities

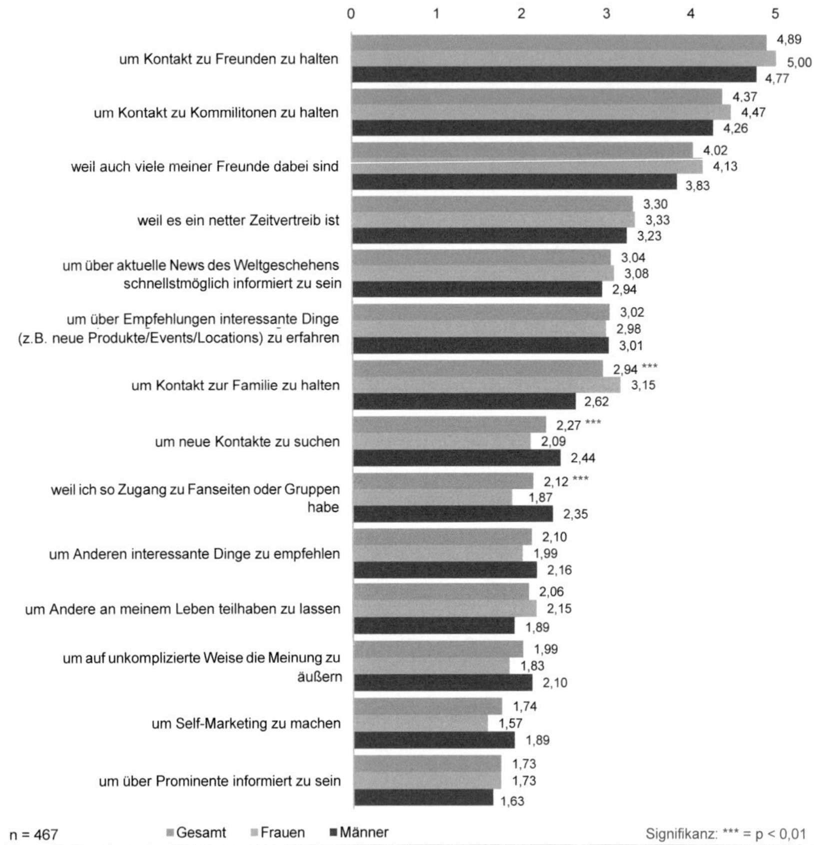

Frage: Welche Gründe treffen für Sie für die Social Media Verwendung zu. Ich nutze Social Media Anwendungen, ...?
Skala: 6-polig, von „trifft gar nicht zu“ bis „trifft voll zu“;

Weitere hohe Zustimmungswerte haben auch noch die Aussagen „weil es ein netter Zeitvertreib ist“, „um über aktuelle News des Weltgeschehens schnellstmöglich informiert zu sein“, „um über Empfehlungen interessante Dinge zu erfahren“ sowie „um Kontakt zur Familie zu halten“. Diese Aussagen treffen erneut auf Facebook, aber auch auf YouTube und Twitter zu.

Sehr geringe Zustimmungswerte bekamen Aussagen wie „um über Prominente informiert zu sein“, „um so auf unkomplizierte Weise meine Meinung zu äußern“ und „um Self-Marketing zu machen“.

Es bestätigt sich erneut, was wir schon bei anderen Fragen analysiert haben, die Social Communities werden von der befragten Zielgruppe primär zum Networking und für die Kontaktpflege unter Freunden/Kommilitonen verwendet, oder um sich die Zeit zu vertreiben bzw. um informiert zu sein über News, das Tagesgeschehen oder Locations, die hip sind. Der befragten Zielgruppe ist es weniger wichtig, in den Social Communities selbst aktiv zu werden, sich selbst zu präsentieren bzw. in diesen die eigene Meinung kundzutun.

Auch bei dieser Frage lassen sich geschlechtsspezifische Unterschiede identifizieren, diese liegen beinahe alle auf höchstem Signifikanzniveau. Die größten Unterschiede finden sich bei den Aussagen „um Kontakt zur Familie zu halten“, hier haben Frauen deutlich höhere Zustimmungswerte abgegeben. Bei den Aussagen „um neue Kontakte zu suchen“, „um Self-Marketing zu machen“ sowie „weil ich so Zugang zu Fanseiten oder Gruppen habe“ liegen bei den Männern deutlich höhere Zustimmungswerte vor als bei den Frauen. Frauen wollen also mittels Social Media eher den Kontakt zur Familie halten bzw. stabilisieren, während Männer auf der Suche nach neuen Kontakten sind bzw. sich selber präsentieren wollen.

3. Zusammenfassung der Ergebnisse

3.1. Zusammenfassung der allgemeinen Ergebnisse

In unserem Forschungsprojekt (Wo)men Online 2013 an der FH Frankfurt wollten wir die Onlinenutzung der Studierenden untersuchen. Dafür haben wir 484 Studierende mit einem achtseitigen Fragebogen zu ihrem Onlineverhalten befragt. Ziel war es herauszufinden, wie die Studierenden ihre „Online-Zeit“ verbringen. Zusätzlich sollten dabei 2 Schwerpunkte untersucht werden, einerseits die Akzeptanz und Nutzung von unterschiedlichen Anwendungen speziell im Bereich Social Media und andererseits inwieweit in Bezug auf die Online-Nutzung geschlechtsspezifische Unterschiede zwischen weiblichen und männlichen Nutzern vorliegen.

Wir möchten zunächst die allgemeinen Ergebnisse nochmals kurz zusammenfassen bevor wir dann die genderspezifischen Resultate aufführen. Ein kurzer Ausblick und Implikationen für die Zukunft runden dieses Kapitel ab.

Die befragte Zielgruppe zeichnet sich durch einen sehr hohen Besitzstand von digitalen Endgeräten aus. So besitzen 100 % der Befragten einen PC/Notebook und ebenso 100 % ein Smartphone. Dabei ist in der befragte Zielgruppe der absolute Marktführer Apple mit dem I-Phone, 44,7 % der Befragten geben an, ein I-Phone zu besitzen. Weiter besitzen 65 % der befragten Zielgruppe einen MP3-Player, 40 % eine Spielekonsole sowie bereits 25 % einen Tablet PC, die ja erst seit 2010 auf dem Markt sind.

Demgegenüber besitzen nur noch 66 % überhaupt ein Festnetztelefon, 67 % ein eigenes Auto oder gar 24 % eine hochwertige Musikanlage.

Mit ihren Freunden kommunizieren die Befragten auf sehr unterschiedlichen Wegen. Mittel der Wahl ist auf jeden Fall die SMS, 72 % der Befragten geben an, dass sie sehr oft mittels SMS mit den Freunden kommunizieren, gefolgt vom Telefonieren mit dem Mobiltelefon, das 46 % der Befragten sehr oft verwendet. Die Kommunikation durch Email findet zwar nicht so oft statt wie die vorgenannten Kommunikationsvarianten, aber sie ist durchaus noch häufig und regelmäßig vertreten. So verwenden immerhin 65 % der Befragten Email sogar häufig bis oft, gerade auch um mit Freunden in Kontakt zu treten. Eine deutlich geringere Nutzung weist hier im Vergleich das Festnetztelefon auf. 25 % der Befragten geben an, dass sie dieses überhaupt nicht mehr verwenden und weitere 29 % geben an, dass sie ein Festnetztelefon nur noch selten nutzen.

Die befragte Zielgruppe wendet somit einen großen Teil ihres verfügbaren Einkommens für Gegenstände aus dem digitalen Endgeräte-Sektor auf, das Mobiltelefon hat sich als das Kommunikationsmittel Nr. 1 durchgesetzt, es wird verwendet, um mit Freunden in Kontakt zu treten, am liebsten durch SMS oder durch ein Telefonat.

Betrachtet man die Mediennutzung der befragten Zielgruppe allgemein sowie im Zeitverlauf, so lassen sich interessante Ergebnisse festhalten. Prinzipiell fällt auf, dass die Nutzung des Mediums Fernsehen bei der befragten Zielgruppe noch sehr hoch ist. 55 % der Befragten geben an, dass sie täglich oder mehrfach täglich fernsehen, nur 2 % sehen überhaupt nicht fern. Diese Nutzung erfolgt auch primär noch vom klassischen TV Gerät aus, nur 10 % der Befragten nutzt derzeit Fernsehen als Internet-Stream. Allerdings erwarten die Befragten hier eine Veränderung für die Zukunft. In drei Jahren erwarten bereits 28 % der Befragten, Fernsehen als Internet-Stream zu sehen. Neuere Forschungsansätze verweisen zudem darauf, dass dem Fernsehen bei dieser Zielgruppe nicht mehr die ungeteilte Aufmerksamkeit der Nutzer zukommt, sondern, dass ein Trend zum Second oder gar Third Screen besteht, d.h. parallel zum Fernsehen nutzt man oftmals noch sein Notebook und gegebenenfalls auch sein Smartphone oder das Tablet.

Die Printmedien bewegen sich auf einem niedrigen aber konstanten Niveau. Zwar nicht täglich aber doch mehrfach wöchentlich greifen 23 % der Befragten zu einer Tageszeitung und immerhin 48 % zu einem Buch. Für die Zukunft werden hier keine Veränderungen, also auch keine weitere Abnahme erwartet, eher sogar wieder leicht steigende Tendenzen.

Besonders bei der Nutzung des Internets lassen sich im Zeitablauf große Unterschiede in Bezug auf die mobile Nutzung erkennen. 88 % der Befragten nutzt das Internet heute vom PC aus und 75 % nutzt das Internet bereits heute auch schon mobil. Vor drei Jahren nutzten nur 13 % der Befragten das Internet mobil. Für die nächsten drei Jahre erwarten konstante 89 %, dass sie das Internet auch weiterhin vom PC aus nutzen werden, der Wert für die erwartete mobile Nutzung wächst noch leicht auf 89 % an. In der nahen Zukunft ist also keine Substitution der stationären Internetnutzung durch mobile Internetnutzung zu erwarten.

Notebook/PC sowie Smartphone sind auch Mittel der Wahl, wenn es darum geht, im Internet zu surfen. So geben rund 75 % der Befragten an, dass sie nie mit dem MP3-Player oder der Spielekonsole ins Internet gehen und auch bei der Nutzung des Tablets für das Internet fällt auf, dass sie niedriger ist als bei PC oder Smartphone. Nur knapp die Hälfte aller Tablet-Besitzer nutzt diesen um damit täglich ins Internet zu gehen, zum Tablet greift man derzeit also noch etwas seltener.

Bei der Analyse der täglich im Internet verbrachten Zeit fällt auf, dass die befragte Zielgruppe sehr viel Zeit im Internet verbringt. Mit dem PC gehen 44 % der befragten Zielgruppe täglich zwischen 1-3 Stunden ins Internet gehen, mit dem Smartphone machen dies 30 % 1-3 Stunden täglich. Weitere 21 % der Befragte verbringt sogar täglich mehr als 3 h mit dem PC im Internet und 16,3 % unternehmen dies mit dem Smartphone. Also, 65 % der befragten Zielgruppe verbringt 1 Stunde und mehr täglich mit ihrem PC im Internet, 46 % 1 Stunde und mehr täglich mit dem Smartphone, teilweise liegen die Nutzungsraten bei mehr als 3 Stunden täglich. Dies sind sehr hohe Nutzungsraten.

Wenn man sich genauer anschaut, womit die befragte Zielgruppe ihre Zeit im Internet verbringt, so kommt man zu dem Ergebnis, dass dies im Wesentlichen fünf Tätigkeiten sind, die am häufigsten genannt und somit unternommen werden. Diese sind, die „Nutzung von Social Communities", „über das Tagesgeschehen im Internet informieren", „Emails lesen bzw. schreiben", „Informationen zu persönlichen Interessen suchen" oder „mit Freunden chatten".

So wie es eine Handvoll Tätigkeiten gibt, mit der die befragte Zielgruppe ihre Internet-Zeit primär verbringt, gibt es auch Aktivitäten, welche nie bzw. nur sehr selten unternommen werden. Dies sind insbesondere Tätigkeiten, die einen höheren Aktivitätsgrad der Beteiligten erfordern. Hierzu gehören „Online Spiele spielen", „bei Coupon- und Rabattaktionen mitmachen", „Beiträge für Foren/Blogs schreiben", „Hotel- oder Produktbewertungen schreiben", „Kontaktbörsen nutzen" oder „bei Auktionen verkaufen".

Wir kommen also zu dem Ergebnis, dass die befragte Zielgruppe das Internet eher „konventionell" nutzt, für Aktivitäten wie Facebook, Emails, News checken oder Herumsurfen. Tätigkeiten, die einen höheren Aktivitätsgrad erfordern, wie das Hochladen eines Produktes bei einer Online-Auktion oder das aktive Bewerten eines Produktes, Hotels oder Restaurants, werden von den 18-30 Jährigen wenig bis gar nicht unternommen.

Weiter haben wir im Bereich Social Media eine tiefergehende Analyse unternommen und uns 15 unterschiedliche Social Media Sites näher angeschaut und analysiert, ob überhaupt und wie aktiv bzw. passiv diese von der befragten Zielgruppe genutzt werden.

Das Ergebnis ist, dass es zu einer noch deutlicheren Fokussierung kommt als bei den Online-Tätigkeiten. Es gibt genau 2 Social Communities, die von beinahe allen Befragten genutzt werden: YouTube und Facebook. Nur 9 % der Befragten geben an, dass sie YouTube niemals nutzen, also 91 % sind User von YouTube, allerdings nutzt die Mehrheit es eher passiv. Bei Facebook sieht das Bild ähnlich, aber aktiver, aus. Es gibt zwar immerhin 11 % Facebook-Verweigerer, mehr als 50 % der befragten Zielgruppe geben jedoch an, dass sie Facebook sogar aktiv - sehr aktiv nutzen.

Der Abstand zur nächstgenutzten Social Community ist sehr groß. Nach YouTube und Facebook an dritter Stelle steht Xing, hier geben 23 % der Befragte an, dass sie Xing nutzen und ein Großteil davon nutzt Xing auch nur passiv, gefolgt von Instagram mit einer durchschnittlichen Nutzung von 20 % , Google Plus mit 17 %, Twitter und Qype mit 15 % sowie den VZ-Netzwerken mit 12 %. Bei allen anderen der abgefragten Social Communities wie Flickr, Foursquare, Linked In, Stay Friends, Pinterest, Tumbler oder Reddit geben unter 10 % der Befragten an, dass sie diese überhaupt nutzen, dies primär dann auch nur sehr passiv.

Es ergibt sich ein klares, stark fokussiertes Bild: Facebook und YouTube sind die absoluten Marktführer, gefolgt von Xing und Instagram. Google Plus hat sich bisher nicht wirklich durchsetzen können, ebenso Twitter und Qype. Der früher stärkste Konkurrent von Facebook, die VZ-Netzwerke, spielen keine bedeutende Rolle mehr. Alle weiteren Social Communities sind von noch geringerer Bedeutung. Diese Ergebnisse erstaunen und lassen die Vermutung zu, ob die Social Communities möglicherweise in ihrer Bedeutung überschätzt werden und sich die Aktivitäten der befragten Zielgruppe im Bereich Social Media auf sehr wenige Sites beschränken.

Die beiden dominierenden Social Communities Facebook und YouTube, sowie der Microblogging-Dienst Twitter und der Location-based Service Foursquare werden noch weiter untersucht, und zwar in Bezug auf die dort verbrachte Zeit, die Zugriffshäufigkeit, die Zugriffsgeräte und auch die dort unternommenen Aktivitäten.

Die befragte Zielgruppe verbringt sehr viel Zeit in bzw. mit ihren Lieblings-Sites Facebook und YouTube. Über die Hälfte aller Befragten verbringt täglich bis zu einer Stunde nur mit Facebook und weitere 30 % der Befragten verbringen dort sogar mehr als 1 h täglich, davon die Hälfte sogar mehr als 2 h täglich. Die Nutzung von YouTube ist zwar etwas geringer, aber dennoch sehr hoch. Zwei Drittel aller Befragten ist täglich bis zu 30 Minuten nur bei YouTube aktiv, weitere 17 % sind sogar bis zu einer Stunde täglich dort aktiv.

Ihren Email-Account checkt die befragte Zielgruppe übrigens noch etwas häufiger als ihren Facebook-Account, gut die Hälfte der befragten Zielgruppe checkt 1-4-mal täglich seine Mails und immerhin 20 % checkt beinahe permanent ihre Mails, der Facebook-Account wird ähnlich häufig, tendenziell etwas weniger gecheckt. Emails in der Kommunikation mit der Außenwelt stehen bei der befragten Zielgruppe also sehr hoch im Kurs, gleichrangig und sicher nicht nachrangig zu der Kommunikation via Facebook.

Die beiden anderen, näher untersuchten Social Communities, Twitter und Foursquare, werden hingegen sehr wenig genutzt. 85 % der Befragten geben an, Twitter niemals zu nutzen, 13 % nutzen Twitter passiv und nur 2 % nutzen Twitter überhaupt aktiv. Noch drastischer sieht es bei der Nutzung von Foursquare aus. 91 % der Befragten geben an, Foursquare niemals zu nutzen, und nur 0,7 % (dies entspricht 3 Studierenden der Zielgruppe) nutzen Foursquare überhaupt aktiv.

Der Zugriff auf Facebook erfolgt von der befragten Zielgruppe gleichermaßen häufig über den PC wie über das Smartphone. Die Befragten haben sehr umfassende Freundeslisten, die allerdings den echten Freundeskreis im reellen Leben nur zu einem geringen Prozentsatz abbilden. Knapp die Hälfte der Befragten geben an, dass sie zwischen 200-400 Freunde in ihrer Freundesliste haben, ein Viertel der Befragten hat sogar mehr als 400 Freunde. Immerhin ein Drittel der Befragten gibt an, dass von den Freunden der Facebook-Freundesliste nur 10 % oder weniger auch gute Freunde im echten Leben sind, bei einem weiteren Drittel sind es immerhin bis zu 30 % echte Freunde. Zusammenfasst geben also knapp 70 % der Befragten an, dass auf der Facebook-Freundesliste maximal jeder Dritte ein guter Freund aus dem echten Leben ist, die restlichen Freunde sind also lose Bekanntschaften, möglicherweise oftmals auch nur virtueller Natur.

Die häufigsten Tätigkeiten, bei denen mehr als ein Drittel der befragte Zielgruppe angibt, dass sie diese täglich oder gar mehrfach täglich in Facebook unternehmen, sind: „Private Nachrichten schreiben oder chatten“, „Profile anderer Mitglieder schauen“, „„Gefällt mir“- bzw. Teilen-Funktion verwenden“ oder „Fotos/Videos anschauen“.

So wie es Tätigkeiten gibt, die sehr häufig unternommen werden, gibt es auch viele Tätigkeiten, die selten oder gar nie unternommen werden. Hierzu gehören „an einem Ort einchecken und diesen dem Netzwerk mitteilen“, „zu Partys einladen“ oder „Social Games spielen“. Aus Marketing Sicht ist besonders interessant, dass auch ein relativ hoher Prozentsatz (29 %) niemals nach Profilen von Firmen/Marken sucht und weitere 42 % dies nur sehr selten unternehmen; ebenso sucht mehr als die Hälfte der Befragten niemals nach (Produkt-) Empfehlungen bei Facebook oder geben selber (Produkt-) Empfehlungen ab. Diese Zahlen stellen die oftmals geforderte bedingungslose Präsenz von Firmen/Unternehmen bei Facebook durchaus in Frage. Scheinbar wird Facebook doch primär für das private Networking und weniger für die Informationssuche verwendet. Allerdings ist dies eine Momentaufnahme, in wie weit sich dies in den nächsten Jahren nicht grundlegend verändert, ist nicht absehbar.

Bei YouTube zeigt sich ein ähnliches Bild. Die Mehrheit der Befragten greift mittels PC auf YouTube zu, nur 25 % machen dies mobil, mittels Smartphone oder Tablet. Am häufigsten beschäftigt sich die befragte Zielgruppe bei YouTube mit „Musikvideos anschauen“, gefolgt von „Einfach drauf los surfen und Videos anschauen“ sowie „Filme und Dokumentationen anschauen“.

Die restlichen Tätigkeiten werden von einem sehr hohen Prozentsatz nie oder nur sehr selten unternommen. 82 % der befragten Zielgruppe abonniert niemals einen Firmenchannel, 90 % kommentiert niemals die Beiträge anderer bzw. lädt niemals selber Videos hoch. Diese Zahlen reflektieren erneut, dass YouTube zwar sehr häufig, aber dafür doch eher passiv genutzt wird.

Die Nutzung von Twitter mittels Endgerät erfolgt sehr unterschiedlich und nicht unbedingt ausschließlich mobil. 35 % der Befragten geben an, dass sie Twitter oft mit dem Smartphone nutzen, aber 40 % geben auch an, dass sie Twitter mit dem PC nutzen.

Twitter wird von der befragten Zielgruppe – wenn überhaupt – dann nur sehr passiv genutzt. So geben 75 % der ohnehin schon kleinen Gruppe der Twitterer (13 % der Befragten) an, dass sie lediglich 0-50 Follower haben und 74 % folgen selber 0-50 Personen. Dennoch gibt es auch eine kleine und durchaus aktive Gruppe von Twitterern mit einem Anteil von ca. 10 %, die angibt, dass sie 200-400 Follower haben und ca. 200-400 oder mehr Personen selber auch folgen.

Auch bei der Analyse der unternommenen Tätigkeiten innerhalb von Twitter zeigt sich erneut die sehr passive Nutzung. Es gibt viele Tätigkeiten, die von einem hohen Prozentsatz der Twitterer überhaupt nie unternommen werden. So geben knapp die Hälfte der Befragten an, dass sie niemals „Tweets von privaten Freunden erhalten“ oder auch niemals „Tweets von Firmen erhalten bzw. abonniert haben“. Auch dieser Wert ist aus Marketing- und Unternehmenssicht durchaus wieder interessant. 60 % der Befragten lädt niemals Fotos bei Twitter hoch oder checkt die Trending Topics. Die kleine Gruppe der aktiven Twitterer (je nach Aktivität 10 - 20 % aus der Gruppe der Twitterer), erhalten häufig bis zu mehrfach täglich Tweets von privaten Freunden oder von Prominenten und etwas weniger häufig auch von Firmen. Sie schreiben auch selber Tweets, laden Fotos hoch oder Verwenden die „ReTweet“-Funktion.

Abschließend haben wir versucht zu ergründen, aus welchen Beweggründen die befragte Zielgruppe die unterschiedlichen Social Media Plattformen nutzt.

Von der befragten Zielgruppe am häufigsten angegeben wurde hierbei die Aussage „um Kontakt zu meinen Freunden zu halten“, gefolgt von „um Kontakt zu Kommilitonen zu halten“ sowie „weil auch viele meiner Freunde dabei sind“. Diese Aussagen passen am besten zu Facebook, der Social Community, die von der befragte Zielgruppe sowieso die höchsten Nutzungswerte erhalten hat.

Weitere Gründe, die uns angegeben wurden, waren „weil es ein netter Zeitvertreib ist“, „um über aktuelle News des Weltgeschehens schnellstmöglich informiert zu sein“, „um über Empfehlungen interessante Dinge zu erfahren“ sowie „um Kontakt zur Familie zu halten“. Diese Aussagen treffen neben Facebook auch auf YouTube und Twitter zu.

Selten genannt wurden Aussagen wie „um über Prominente informiert zu sein“, „um so auf unkomplizierte Weise meine Meinung zu äußern“ und „um Self-Marketing zu machen“.

Die Social Communities werden von der befragten Zielgruppe also primär zum Networking verwendet, um sich die Zeit zu vertreiben bzw. um informiert zu sein über News, das Tagesgeschehen oder Locations, die gerade angesagt sind. Der befragten Zielgruppe ist es weniger wichtig, in den Social Communities sich selbst zu präsentieren bzw. in diesen die eigene Meinung kundzutun, zumal dies möglicherweise auch einen recht hohen Grad an Aktivität erfordern würde, den die befragte Zielgruppe nur bedingt gewillt ist aufzubringen.

3.2. Zusammenfassung der genderspezifischen Ergebnisse

In der vorliegenden Untersuchung lassen sich viele geschlechtsspezifische Unterschiede identifizieren, die wir hier nochmals kurz zusammenfassen wollen. Manche dieser geschlechtsspezifischen Unterschiede entsprechen möglicherweise den Erwartungen und erfüllen oftmals vorherrschende Klischeevorstellungen, manche wiederum überraschen sehr.

Bei den Besitzständen lassen sich folgende geschlechtsspezifische Unterschiede identifizieren: Frauen besitzen häufiger einen MP3-Player (72 % vs. 57 %) sowie ein Festnetztelefon (71% vs. 60 %), Männer besitzen deutlich häufiger eine Spielekonsole (56 % vs. 25 %) oder eine hochwertige Musikanlage (30 % vs. 19 %).

Wenn es darum geht, wie Frauen und Männer mit ihren Freunden kommunizieren, fällt auf, dass Frauen tendenziell lieber und mehr telefonieren bzw. kommunizieren. So telefonieren z.B. 50 % der Frauen und nur 40 % der Männer sehr oft mit ihrem Mobiltelefon bzw. 22 % der Frauen und nur 10 % der Männer sehr oft mit dem Festnetztelefon. Ebenso wie 30 % der Frauen sehr oft Posts verwenden, um ihre Freunde zu kontaktieren, verglichen mit nur 20 % der Männer.

Bei der Betrachtung der allgemeinen Mediennutzung im Zeitablauf lassen sich für die Medien Fernsehen und Radio keine geschlechtsspezifischen Unterschiede identifizieren.

Im Bereich Print hingegen sind deutliche geschlechtsspezifische Unterschiede erkennbar. Männer lesen mehr Tageszeitung. 36 % geben an dies täglich oder zumindest mehrfach wöchentlich zu machen, im Gegensatz zu 18,2 % der Frauen. Dafür greifen die Frauen häufiger zu einem Buch, so geben 54,1 % der Frauen an täglich oder mehrfach wöchentlich zu lesen und nur 34,2 % der Männer machen dies.

Auch bei der Internetnutzung lassen sich interessante geschlechtsspezifische Unterschiede feststellen. Männer nutzen das Internet mehr, so geben 77 % der Männer und nur 53 % der Frauen an mehrfach täglich mit dem PC ins Internet zu gehen, demgegenüber geben 30 % der Frauen und nur 16 % der Männer an, dass sie nur 1-mal täglich ins Internet gehen. Auch geben 29 % der Männer an, dass sie täglich mehr als 3 h im Internet verbringen, verglichen mit nur 14 % bei den Frauen. Die Spielekonsole wird – erwartungsgemäß – von deutlich mehr Männer für den Internetzugang verwendet als Frauen, 58 % der Männer und 88,4 % der Frauen geben an, niemals mit der Spielekonsole ins Internet zu gehen.

Männer gehen also deutlich häufiger auf den Tag gesehen ins Internet als Frauen und verbringen auch mehr Zeit dort. Frauen scheinen ihre Zeit anders und weniger im Internet zu verbringen als die Männer. Dafür verwenden sie ja – wie wir oben bereits dargestellt haben – mehr Zeit für Telefonate.

Analysiert man weiter, wie die befragte Zielgruppe ihre Zeit im Internet verbringt, so fallen erneut deutliche geschlechtsspezifische Unterschiede auf, besonders, wenn man hinsichtlich der Nennung „mache ich täglich und mehrfach täglich im Internet“ sowie „mache ich nie im Internet“ auswertet.

So zeigen sich bspw. bei den Tätigkeiten „Informationen zu persönlichen Interessen suchen“, „über das Tagesgeschehen informieren“ oder auch bei „Musik hören oder herunterladen“ deutliche Unterschiede, die Männer zeigen sich in den genannten Fällen auffallend aktiver. Ebenso erkennen wir deutliche Unterschiede bei der Negativselektion, bei der Betrachtung der Nennung „nie“. Auffallend mehr Frauen kaufen oder verkaufen niemals bei Auktionen, schreiben niemals für Foren/Blogs, nutzen niemals Kontaktbörsen oder spielen niemals Online Spiele. Bei Tätigkeiten, bei denen man erwarten würden, dass sie möglicherweise von Frauen stärker unternommen werden als von Männern wie z.B. „mit Freunden chatten“ oder „in Webstores einkaufen“, zeigen sich keinerlei geschlechtsspezifische Unterschiede, d.h. Frauen und Männer zeigen hier kein statistisch signifikant unterschiedliches Verhalten, verhalten sich also gleich aktiv bzw. passiv.

Weiter haben wir uns dem Bereich Social Media eingehender zugewendet und uns 15 unterschiedliche Social Media Sites näher angeschaut und analysiert, ob überhaupt und wie aktiv bzw. passiv diese von der befragten Zielgruppe genutzt werden. Betrachtet man diese Daten auf geschlechtsspezifische Unterschiede hin, so lassen sich zunächst bei keiner der aufgeführten 15 Social Communities statistisch signifikante Unterschiede in Bezug auf die pauschale Angabe der Aktivität der Nutzung bei weiblichen und männlichen Usern erkennen. Dies wiederum ist eine sehr interessante Feststellung, die Nutzung der Social Communities erfolgt von Frauen und Männern scheinbar gleich häufig und auch gleich aktiv bzw. passiv. Hingegen bei der zuvor durchgeführten Analyse der Online-Aktivitäten im Internet allgemein, also nicht nur beschränkt auf Social Media Sites, ließen sich ja durchaus geschlechtsspezifische Unterschiede identifizieren.

Aus den 15 zuvor analysierten Social Communities greifen wir vier heraus und zwar die beiden dominierenden Social Communities Facebook und YouTube, sowie den Microblogging-Dienst Twitter und den Location-based Service Foursquare. Diese werden noch weiter untersucht, und zwar in Bezug auf die dort verbrachte Zeit, die Zugriffshäufigkeit und -geräte und auch auf die dort unternommenen Aktivitäten.

In Bezug auf die in der jeweiligen Site verbrachte Zeit lassen sich in Bezug auf Facebook keine, bei YouTube hingegen deutliche geschlechtsspezifische Unterschiede identifizieren. Frauen verbringen deutlich weniger Zeit mit YouTube als Männer, bei Facebook ist dies hingegen ausgewogen.

Auch bezüglich der Art des Zugriffs (mittels Endgeräte) als auch der Häufigkeit des Zugriffs lassen sich bei Facebook keine Unterschiede erkennen. Eindeutige Unterschiede liegen jedoch bei der Nutzung des klassischen Email-Accounts vor. Männer checken deutlich häufiger ihren Email-Account als Frauen.

Männer haben deutlich umfangreichere Freundeslisten bei Facebook als Frauen, so geben 36 % der Männer und nur 14 % der Frauen an, mehr als 400 Freunde in Facebook zu haben. Die männlichen Freundeslisten setzen sich zudem anders zusammen als die weiblichen Freundeslisten, auffallend mehr Männer schätzen, dass sie maximal 10 % gute Freunde aus dem echten Leben enthalten.

Das Verhalten innerhalb von Facebook ist bei Frauen und Männern relativ ähnlich. Genderspezifische Unterschiede lassen sich aber auch einige identifizieren, Frauen sind beim „Schreiben von Statusmeldungen“, beim „Profile anderer Mitglieder anschauen“ sowie beim „Verwenden der „Gefällt mir“- oder Teilen-Funktion“ deutlich aktiver als ihre männlichen Kollegen. Auch wenn sie nicht unbedingt mehr Zeit in Facebook verbringen, so zeigen sich Frauen dort doch deutlich aktiver.

Bei der Nutzung von YouTube lassen sich erneut interessante genderspezifische Unterschiede identifizieren. Bei den oben aufgeführten, am häufigsten genannten Aktivitäten „Musikvideos anschauen“, „Einfach drauf los surfen und Videos anschauen“ sowie „Filme und Dokumentationen anschauen“ zeigen die Männer einen deutlich höheren Aktivitätsgrad. So schauen auffallend mehr Männer als Frauen täglich bzw. mehrfach täglich Musikvideos oder auch Filme bzw. Dokumentationen oder surfen einfach „nur so“ bei YouTube herum.

Statistisch signifikante genderspezifische Unterschiede lassen sich beim Nutzungsverhalten von Twitter nicht identifizieren.

Betrachtet man die Gründe, aus denen die befragten Zielgruppe sich in diesen Social Communities bewegt, so fällt auf, dass es Gründe gibt, die von Frauen und Männern gleich häufig angeführt werden, aber es gibt auch unterschiedliche Nutzungsmotivationen. Die größten Unterschiede finden sich bei den Aussagen „um Kontakt zur Familie zu halten“, hier haben Frauen deutlich höhere Zustimmungswerte abgegeben. Bei den Aussagen „um neue Kontakte zu suchen“, „um Self-Marketing zu machen“ sowie „weil ich so Zugang zu Fanseiten oder Gruppen habe“ liegen deutlich höhere Zustimmungswerte bei den Männern vor als bei den Frauen. Auffallend mehr Frauen wollen also in den Social Communities den Kontakt zur Familie halten und auffallend mehr Männer suchen ebendort neue Kontakte bzw. wollen sich dort selbst präsentieren.

3.3. Resümee

Die Auswertung der Ergebnisse unserer Studie (Wo)men Online 2013 hat gezeigt, dass die befragte Zielgruppe einen sehr hohen Prozentsatz an unterschiedlichen Endgeräten aus dem digitalen Bereich besitzt und diese auch sehr umfassend nutzt. Das Kommunikationsmittel der Wahl ist die SMS, gefolgt von Mobiltelefon und Email, ein Viertel der Befragte besitzt bereits heute gar kein Festnetztelefon mehr. Die befragte Zielgruppe verbringt sehr viel der täglichen Zeit im Internet, was nicht bedeuten soll, dass sie auf den TV Konsum verzichtet. Auch Fernsehen wird nach wie vor viel und täglich und immer noch vom klassischen TV Gerät aus geschaut, der Trend geht allerdings zur parallelen Nutzung von Fernsehen und weiteren digitalen Endgeräten. Allerdings verbringt die befragte Zielgruppe ihre Zeit im Internet primär passiv, indem sie networkt oder herumsurft, Tätigkeiten, die einen höheren Aktivitätsgrad erfordern, wie das Hochladen eines Produktes bei einer Verkaufsaktion oder das aktive Bewerten eines Restaurants werden von der Mehrheit der Befragten nicht unternommen.

In den Social Media Communities verbringt die befragte Zielgruppe ebenfalls viel Zeit, allerdings sind dies, wie unsere tiefergehende Analyse zeigt, eigentlich nur 2 Sites, die dann auch eine sehr dominierende Marktstellung einnehmen: Facebook und YouTube. Alle anderen der von uns abgefragten Sites werden nur wenig bis so gut wie gar nicht genutzt. Bei Facebook zeigt die Zielgruppe sich dann durchaus relativ aktiv, wobei sich dieser Aktivitätsgrad auf einige wenige Tätigkeiten beschränkt, bei YouTube ist die Nutzung erneut eher passiv. Man konsumiert gerne, zeigt sich jedoch selbst wenig aktiv.

Es lassen sich in unserem Untersuchungsbereich Online und Social Media sehr viele und interessante geschlechtsspezifische Unterschiede aber auch Gemeinsamkeiten identifizieren. Die Frauen der befragten Zielgruppe besitzen sehr viele digitale Endgeräte, gleich wie die Männer der befragten Zielgruppen, 100 % besitzen einen Notebook/PC sowie ein Smartphone und bereits 25 % besitzen einen Tablet-PC. Eine Spielekonsole besitzen eindeutig mehr Männer und einen MP3-Player sowie ein Festnetztelefon eindeutig mehr Frauen. Insgesamt gehen Männer auffallend häufiger ins Internet als die Frauen und verbringen auch mehr Zeit dort und zeigen sich sowohl bei den Online-Tätigkeiten als auch bei der Nutzung von YouTube deutlich aktiver. Frauen hingegen sind bei Facebook aktiver, auch wenn Männer deutlich umfassendere Freundeslisten bei Facebook haben.

Aus Marketingsicht stimmt das ein oder andere Ergebnis nachdenklich und wirft die Frage auf, ob die oftmals geforderte bedingungslose Präsenz in den Social Media für alle Unternehmen notwendig ist. Der Markt wird eindeutig von den beiden Social Communities Facebook und YouTube dominiert und auch hier nutzt die Mehrheit der befragten Zielgruppe diese primär zum Networking, Unternehmenssites bei Facebook, Firmenchannels bei YouTube oder Unternehmenstweets bei Twitter interessieren die befragte Zielgruppe wenig bis gar nicht. Allerdings ist dies eine Zeitpunktaufnahme und stellt den heutigen Erkenntnisstand dar, will man langfristige Implikationen für das Marketing ableiten, wäre es gut, wenn diese Querschnittstudie in regelmäßigen Intervallen wiederholt werden würde.

Literaturempfehlungen

ARD - ZDF Onlinestudie (2012) in: Entwicklung Onlinenutzung: Studie im Eigenverlag (online abrufbar: http://www.ard-zdf-onlinestudie.de/index.php?id=onlinenutzung000 am 17.12.2012).

AGOF (2013): internet facts 2013-01, Frankfurt am Main: Studie im Eigenverlag (online abrufbar: http://agof.de/studienarchiv-2013.1146.de.html am 11.04.2013).

AGOF (2012): internet facts 2012-04, Frankfurt am Main: Studie im Eigenverlag (online abrufbar: http://www.agof.de/index.download.f4596ad26b6e4bf30d559242155103d8.zip am 17.12.2012).

Bitkom (2011a): Jugend 2.0 – Eine repräsentative Untersuchung zum Internetverhalten von 10- bis 18-Jährigen, Berlin: Studie im Eigenverlag (online abrufbar: http://www.bitkom.org/files/documents/BITKOM_Studie_Jugend_2.0.pdf am 11.12.2012).

Bitkom (2011b): Netzgesellschaft – Eine repräsentative Untersuchung zur Mediennutzung und dem Informationsverhalten der Gesellschaft in Deutschland, Berlin: Studie im Eigenverlag (online abrufbar: http://www.bitkom.org/files/documents/BITKOM_Publikation_Netzgesellschaft.pdf am 13.12.2012).

Bitkom (2011c): Soziale Netzwerke – Eine repräsentative Untersuchung zur Nutzung sozialer Netzwerke im Internet, 2. Auflage, Berlin: Studie im Eigenverlag (online abrufbar: http://www.bitkom.org/files/documents/SozialeNetzwerke.pdf am 19.12.2012).

Busemann, K. / Gscheidle, C. (2010): Web 2.0: Nutzung steigt – Interesse an aktiver Teilhabe sinkt – Ergebnisse der ARD/ZDF-Onlinestudie 2010 in: Media Perspektiven, Heft 7-8 (2010), S. 359-368 (online abrufbar: http://www.media-perspektiven.de/uploads/tx_mppublications/07-08-2010_Busemann.pdf am 17.12.2012).

Busemann, K. / Gscheidle, C. (2011): Web 2.0: Aktive Mitwirkung verbleibt auf niedrigem Niveau – Ergebnisse der ARD/ZDF-Onlinestudie 2011 in: Media Perspektiven, Heft 7-8 (2011), S. 360-369 (online abrufbar:http://www.media-perspektiven.de/uploads/tx_mppublications/0708-2011_Busemann_Gscheidle.pdf am 17.12.2012).

Comscore (2010): Women on the Web – How Women are Shaping the Internet, Reston (VA USA): Studie im Eigenverlag (online abrufbar: http://www.comscore.com/Insights/Presentations_and_Whitepapers/2010/Women_on_the_Web_How_Women_are_Shaping_the_Internet am 11.12.2012).

Eimeren, B. von / Frees, B. (2011): Drei von Vier Deutschen im Netz – ein Ende des digitalen Grabens in Sicht? – Ergebnisse der ARD/ZDF-Onlinestudie 2011, in: Media Perspektiven, Heft 7-8 (2011), S. 334-349 (online abrufbar: http://www.ard-zdf-onlinestudie.de/fileadmin/Online11/EimerenFrees.pdf am 10.12.2012).

Eimeren, B. von / Frees, B. (2012): 76 Prozent der Deutschen online – neue Nutzungssituationen durch mobile Endgeräte – Ergebnisse der ARD/ZDF-Onlinestudie 2012, in: Media Perspektiven, Heft 7-8 (2012), S. 362-379 (online abrufbar: http://www.ard-zdf-onlinestudie.de/fileadmin/Online12/0708-2012_Eimeren_Frees.pdf am 11.12.2012).

Fleishman-Hillard (2012): Game Changers – Women Defining the New American Marketplace, St. Louis (Missouri): Studie im Eigenverlag (online abrufbar: http://events.fleishmanhillard.com/wp-content/uploads/2012/01/Women-Power-Money-White-Paper-Jan-2012.pdf am 14.12.2012).

Google (2012): Unser mobiler Planet: Deutschland – Der mobile Nutzer, Mountain View (Kalifornien USA): Studie im Eigenverlag (online abrufbar: http://services.google.com/fh/files/blogs/our_mobile_planet_germany_de.pdf am 18.12.2012).

Haas, S. / Trump, T. / Gerhards, M. / Klingler, W. (2007): Web 2.0: Nutzung und Nutzertypen – Eine Analyse auf der Basis quantitativer und qualitativer Untersuchungen in: Media Perspektiven, Heft 4 (2007), S. 215-222, Studie im Eigenverlag (online abrufbar: http://www.media-perspektiven.de/uploads/tx_mppublications/04-2007_Haas.pdf am 29.12.2012).

Hans-Bredow-Stiftung (2009): Heranwachsen mit dem Social Web – Zur Rolle von Web 2.0 - Angeboten im Alltag von Jugendlichen und jungen Erwachsenen, Hamburg: Studie im Eigenverlag (online abrufbar: http://www.hans-bredow-institut.de/webfm_send/367 am 22.12.2012).

Initiative D21 (2010): Digitale Gesellschaft – Die digitale Gesellschaft in Deutschland – Sechs Nutzertypen im Vergleich, Berlin: Studie im Eigenverlag (online abrufbar: http://www.initiatived21.de/wp-content/uploads/2010/12/Digitale_Gesellschaft_2010.pdf am 18.12.2012).

Initiative D21 (2011): Digitale Gesellschaft 2011 – Die digitale Gesellschaft in Deutschland – Sechs Nutzertypen im Vergleich, Berlin: Studie im Eigenverlag (online abrufbar: http://www.initiatived21.de/wp-content/uploads/2011/11/Digitale-Gesellschaft_2011.pdf am 21.12.2012).

Initiative D21 (2012a): (N)ONLINER Atlas 2012 – Basiszahlen für Deutschland, Berlin: Studie im Eigenverlag (online abrufbar: http://www.initiatived21.de/wp-content/uploads/2012/06/NONLINER-Atlas-2012-Basiszahlen-f%C3%BCr-Deutschland.pdf am 26.12.2012).

Initiative D21 (2012b): Mobile Internetnutzung – Entwicklungsschub für die digitale Gesellschaft?, Berlin: Studie im Eigenverlag (online abrufbar: http://www.initiatived21.de/wp-content/uploads/2013/02/studie_mobilesinternet_d21_huawei_2013.pdf am 28.12.2012).

Kampmann, B./ Keller, B./ Knippelmeyer, M./Wagner, F. (2013): Die Frauen und das Netz, Wiesbaden 2013

Kölmel, B. (o.J.): Location Based Services, Karlsruhe: (online abrufbar: http://subs.emis.de/LNI/Proceedings/Proceedings25/GI-Proceedings.25-7.pdf am 23.12.2012).

L2 Think Tank (2010): Gen Y Affluents – Media Survey, New York: Studie im Eigenverlag (online abrufbar: http://www.google.de/url?sa=t&rct=j&q=l2%20think%20tank%202010%20gen%20y%20affluents&source=web&cd=1&ved=0CDEQFjAA&url=http%3A%2F%2Fwww.l2thinktank.com%2Fgenyaffluents%2FGenYAffluents.pdf&ei=lu2DUbPhNYqYtAbc3YH4BQ&usg=AFQjCNHSYt8mcNoW2tXmGzGSeH9hrR4DAQ&bvm=bv.45960087,d.Yms am 15.12.2012).

Medienpädagogischer Forschungsverbund Südwest (2010): JIM-Studie 2010 – Jugend, Information, (Multi-) Media, Stuttgart: Studie im Eigenverlag (online abrufbar: http://www.mpfs.de/fileadmin/JIM-pdf10/JIM2010.pdf am 17.12.2012).

MTV Networks (2011): Me Public – A Global Study on Social Media Youth, Berlin: Studie im Eigenverlag (online abrufbar: http://www.beviacom.de/media/6_research/studien_pdfs/MePublic+Komplett+%28Deutsch+pdf%29 am 26.12.2012).

Pew Internet (2005): How Women and Men Use the Internet, Washington D.C.: Studie im Eigenverlag (online abrufbar: http://www.pewinternet.org/~/media//Files/Reports/2005/PIP_Women_and_Men_online.pdf.pdf am 12.12.2012).

Pew Internet (2010): 4% of online American use location-based services, Washington: Studie im Eigenverlag (online abrufbar: http://www.pewinternet.org/~/media//Files/Reports/2010/PIP-Location%20based%20services.pdf am 14.12.2012).

Pew Internet (2010): Social Media & Mobile Internet Use Among Teens and Young Adults, Washington D.C.: Studie im Eigenverlag (online abrufbar: http://www.pewinternet.org/~/media//Files/Reports/2010/PIP_Social_Media_and_Young_Adults_Report_Final_with_toplines.pdf am 15.12.2012).

Pew Internet (2011a): Social networking sites and our lives – How people´s trust, personal relationships, and civic and political involvement are connected to their use of social networking sites and other technologies, Washington D.C.: Studie im Eigenverlag (online abrufbar: http://www.pewinternet.org/~/media//Files/Reports/2011/PIP%20-%20Social%20networking%20sites%20and%20our%20lives.pdf am 17.12.2012).

Pew Internet (2011b): Why Americans use social media, Washington D.C.: Studie im Eigenverlag (online abrufbar: http://pewinternet.org/~/media//Files/Reports/2011/Why%20Americans%20Use%20Social%20Media.pdf am 17.12.2012).

Pew Internet (2012a): Teens & Online Video, Washington D.C.: Studie im Eigenverlag (online abrufbar: http://www.pewinternet.org/~/media//Files/Reports/2012/PIP_Teens_and_online_video.pdf am 20.12.2012).

Pew Internet (2012b): Three-quarters of smartphone owners use location-based services, Washington D.C.: Studie im Eigenverlag (online abrufbar: http://pewinternet.org/~/media//Files/Reports/2012/PIP_Location_based_services_2012_Report.pdf am 24.12.2012).

Pew Internet (2012c): Survey Questions and Methodology – Winter Tracking Survey 2012, Washington D.C.: Studie im Eigenverlag (online abrufbar: http://pewinternet.org/~/media//Files/Questionnaire/2012/Smartphone%20ownership%202012%20survey%20questions.pdf am 26.12.2012).

Pew Internet (2012d): Twitter Use 2012, Washington D.C.: Studie im Eigenverlag (online abrufbar: http://pewinternet.org/~/media//Files/Reports/2012/PIP_Twitter_Use_2012.pdf am 29.12.2012).

Porter Novelli (2012): Men are from Foursquare, Women are from Facebook, New York: Studie im Eigenverlag (online abrufbar: http://de.slideshare.net/PNLondon/men-are-from-foursquare-women-are-from-facebook am 12.12.2012).

Riddler, C. / Engel, B. (2010): Massenkommunikation 2010: Funktionen und Images der Medien im Vergleich – Ergebnisse der 10. Welle der ARD/ZDF-Langzeitstudie zur Mediennutzung und -bewertung in: Media Perspektiven, Heft 11 (2010), S. 537-548 (online abrufbar: http://www.media-perspektiven.de/uploads/tx_mppublications/11-2010_Engel.pdf am 30.12.2012).

TOMORROW FOCUS Media (2012): Social Media Effects 2012, München: Studie im Eigenverlag (online abrufbar: http://www.tomorrow-focus-media.de/uploads/tx_mjstudien/TFM_SocialMediaEffects_2012.pdf am 12.04.2013).

TOMORROW FOCUS Media (2010): Social Media Effects 2010, München: Studie im Eigenverlag (online abrufbar: http://www.tomorrow-focus-media.de/uploads/tx_mjstudien/social_media_effects_2010.pdf am 25.12.2012).